책의 미로 책의 지도

책의 미로 책의 지도

송인규 지음

비아토르

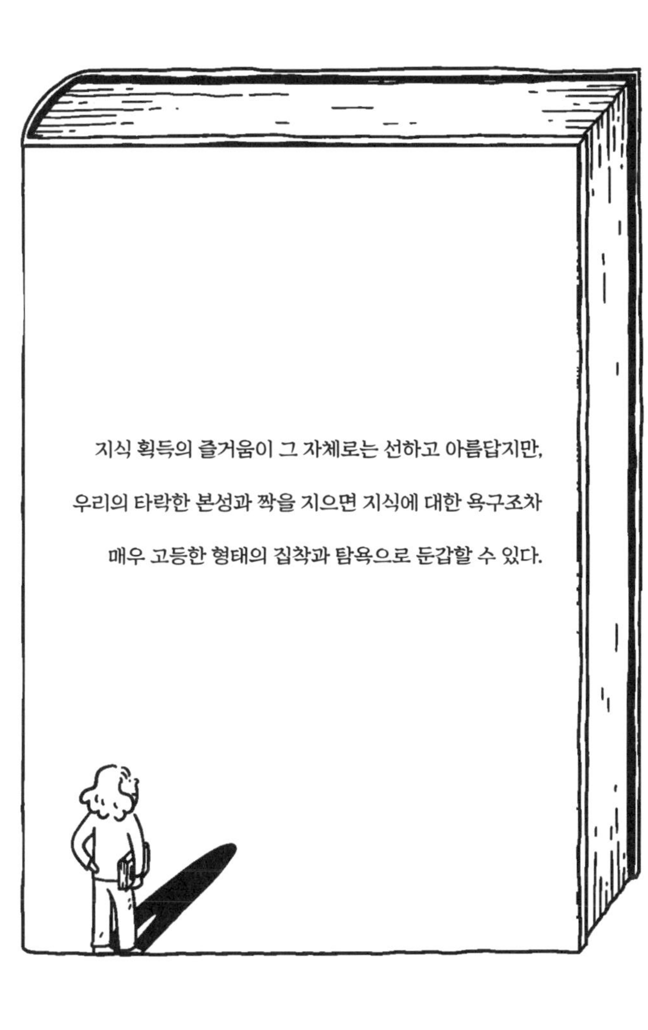

지식 획득의 즐거움이 그 자체로는 선하고 아름답지만,

우리의 타락한 본성과 짝을 지으면 지식에 대한 욕구조차

매우 고등한 형태의 집착과 탐욕으로 둔갑할 수 있다.

책에 관한 책을 선보임

여기 책을 한 권 선보이고자 한다. 그런데 여느 책과는 달리 책 읽기에 관한 책이다. 게다가 그리스도인들을 염두에 둔 책 읽기 안내서이다.

"그리스도인의 책 읽기"라는 주제는 대개 두 가지 서로 다른 반응을 일으키지 않나 싶다. 마니아를 포함하여 소수의 그리스도인 독서가들은, "으흠, 뭐라고 썼는지 한 번 알아봐야겠구만. 그리스도인으로서 왜 책을 읽어야 하는가에 대해 어떤 식으로 설득하는지 궁금하단 말이야"라고 하며 목차부터 훑어볼 듯하다. 그러나 평소에 이런 주제의 책을 눈여겨보지 않았거나 처음 접한 대다수 사람은, "그리스도인의 책 읽기를 설명하는 데 책이 한 권씩이나 필요해? 대체 무슨 내용이 들어 있는 거야?” 하면서 약간 회의 섞인 눈초리로 대할 것이다.

책의 특성과 내용

이 책이 서로 다른 반응을 보이는 두 부류 독자들의 기대나 예상에 어느 정도는 부응하리라고 본다. 우선, 이 책에는 왜 책을 읽어야 하는지에 대한 설명이 들어 있어서 첫째 부류의 독자들이 가진 호기심을 달랠 수 있을 것이다. 그러나 설명의 주 목표를 설득에 두지는 않았다. 또 이 책의 주제와 취지는 이미 밝혔다시피 그리스도인의 책 읽기에 대한 것이므로 둘째 부류의 독자들이 거는 기대 또한 아주 저버리지는 않을 것이다. 그러나 그렇다고 하여 책의 내용이 아주 체계적이고 포괄적이지는 않다.

그렇다면 도대체 이 책의 특징은 무엇이란 말인가? 답변을 위해서는 약간의 배경 설명이 필요하다. 누구든지 ‘책 읽기’에 관해 글을 쓰고자 하는 사람은 즉시 자기가 미지의 땅을 밟고 있다는 느낌을 받는다. 이 주제는 학문의 한 분야로 발전된 적도 없고 필연적으로 이러이러해야 한다는 이론적 틀을 가지고 있지도 않다. 따라서 다분히 '주관적'—개인의 경험에 크게 의존한다는 점에서—이지 않을 수 없다. 이것은 다시금 자전적 특성autobiographical characteristic을 띠게 해 주는데, 자신의 책 읽기 경험을 바탕으로 하지 않으면서 책 읽기를 논할 수는 없기 때문이다. 우리가 그리스도인이라는 사실을 감안하면 이 점은 더더욱 이해하기가 쉽다. 그리스도인더러 자기 이야기를 하라고 하면 그리스도인으로서의 성숙에 관해 언급을 피할 길이 없고, 책 읽기를 등한시하지 않은 그리스도인이라면 그의 성숙에 있어서 책 읽기로부터 얻은 유익의 흔적을 지울 수가 없을 것이기 때문이다.

그렇다. 이 책은 특성상 상당히 주관적이고 자전적이다. 비록 '안내서'라는 표현을 쓰기는 했지만 그 '안내'는 나 자신이 그리스도인으로서 어떻게 고민하고 어떻게 몸부림쳤는지, 책 읽기를 통해 그런 몸부림이 어떤 식으로 잦아들게 되었는지 간증하는 형태의 안내이다.

이 책의 **1부 책의 미로**에서는 상기한 자전적 과정을 여러 각도에서 비추어 보았다. '책집'이 생긴 유래(1장)를 밝힌 후에는 책을 읽는 이유(2장), 책을 읽는 방도(3장), 책의 분류(4장)를 차례로 서술했다. 그러고 나서는 그리스도인의 성숙을 촉발시킨 면에서의 책 읽기를 '관계'(5장)와 '질문'(6장)의 측면에서 조명했다. 마지막 "한 권의 책"(7장)은 성경 읽기와 책 읽기의 상관성에 관한 내용이다.

2부 책의 지도는 그야말로 주제별 책 소개가 주된 목표이다. 여기서는 크리스천 마인드(1장), 세계관(2장), 영성(3장), 학문과 신앙(4장), 책 중의 책(성경을 의미함, 5장)의 다섯 가지 주제를 하나씩 다루었다. 각 주제는 1. 주제의 의미 및 연관 사항, 2. 주제 내의 범주들(하부 주제), 3. 저자·책자·간략한 해설로 구성되어 있다.

책의 활용 방안

1부의 내용은 대부분 술술 읽히리라 생각한다. 책 읽기에 관심이 있는 이들이라면 심지어 한자리에 앉아 1-7장까지를 끝낼지도 모른다. 각 장은 순서에 따라 읽으면 좋지만, 꼭 그렇게 하지 않고 마음에 드는 장부터 읽어도 아무 상관이 없다. (물론 1장의 경우에는 가장 먼저 읽는 것이 낫겠다 싶기는 하다.)

만일 이 책을 소그룹에서 사용한다면, 모든 구성원이 매주 한 장씩 읽어 와서 서로 의견을 나누면 된다. 이때 흥미롭거나 새로 발견한 점, 궁금하거나 의문이 드는 사항, 자신의 경우와 연관된 점, 자신에게 필요하다고 생각되는 점 등을 나눔의 내용으로 삼을 수 있을 것이다. 소그룹 리더의 경우, 각 장을 읽은 후 구성원들과 나눌 내용을 자기 나름대로 미리 정리(및 준비)해 놓으면, 모임의 진행이 좀 더 여유 있고 부드러워질 것이다. 만일 각 장을 읽고 난 후의 나눔에 관해 힌트가 필요하다면, 다음 내용을 참조해도 된다.

1장. 나는 책과 더불어 어떤 인연을 맺고 있는가? 혹은 왜 인연이 맺어지지 않았을까?

2장. 내가 책(특히 기독교 서적)을 읽는 이유는 무엇인가? 어떻게 하면 책 읽기에 탄력이 붙을 수 있겠는가?

3장. 책을 읽을 때 자기 나름의 방도가 있는가? "저자와의 대화"에 대한 당신의 생각은 무엇인가?

4장. 만일 당신 앞에 책(기독교 서적 및 일반 서적)이 100권가량 있다면, 어떤 식으로 분류하겠는가?

5장. 당신은 신앙 성숙에 있어서 어떤 관계를 중요시해 왔는가? 세 가지 관계가 균형 있게 자라고 있는가? 아니라면, 왜 그런가?

6장. 당신은 신앙에 관한 의문/질문을 어떻게 해소하는
가? 당신에게 질문을 던지는 이들에게 어떤 책을 추천하겠
는가?

7장. 왜 그리스도인은 성경을 가장 중시하면서도 다른
기독교 서적도 읽어야 한다고 생각하는가?

2부 책 소개의 경우, 한 번에 다 읽어 치우는 것만이 능
사는 아니다. 물론 이 내용을 앉은 자리에서 한꺼번에 다
읽지 말아야 한다는 것은 아니다. 그러나 이 주제별 책 목
록은 '참조'가 중요한 취지이기에, 여러 번에 걸쳐 살피는
것이 더 바람직하다는 말이다. 마찬가지로 이 주제들을 순
서에 따라 읽어야 할 필요도 없다. 어떤 주제든 자신의 흥
미를 유발하든지 자신이 필요로 하는 것을 먼저, 중점적으
로 살펴보면 된다.

이상의 지침을 고려할 때 2부와 관련해서는—비록 소수
의 독자에게 해당할지 모르지만—두 가지 활용 방안을 제
시할 수 있을 것이다. 첫째, 각 주제나 분야를 더 깊이 연구
하고자 하는 이들은 2부 내용을 참고 자료로 삼을 수 있다.
둘째, 신앙 공동체 내에 도서관을 꾸미든지 개인 서재에 관

련 주제의 서적을 확보하고자 할 때, 이 정보를 활용할 수 있다.

감사의 뜻을 전하며

《책의 미로, 책의 지도》 출간을 내다보고 있노라니, 감사의 마음이 새록새록 피어난다. 아주 멀게는, 내가 처음 사역자 시절에 도움받은 영국과 미국 IVP 도서의 저자들에게 고마운 마음이 고개를 든다. 이 감사는 특정 개인을 향한 것은 아니지만(그들을 개인적으로 만나거나 접촉한 적이 없으므로), 어쨌든 표현은 하고 싶다. 내가 그 당시에 그런 책들을 읽지 않았더라면, 이 책은 쓰이지 않았을지도 모른다.

또 한 대상은 웨슬리Wesley Wentworth 선생이다. 소위 문서 선교사로 지칭되는 선생은, 역시 나의 사역 초기에 훌륭한 기독교 서적을 통해 도전과 자극을 던지곤 했다. 기독교 세계관에 연관된 책자들, 학문과 신앙의 통합을 논하는 기독 서적들은 끊임없이 나의 지성(마인드)을 연단했으며, 기독교적으로 생각하고 산다는 것이 무엇인지 성찰하게끔 자원을 공급했다. 내가 소장하고 있는 책 가운데 뒷장의 안쪽

하단에 "from ww"라고 표기된 것은 모두 웨슬리 선생이 소개했거나 그로부터 구입한 책자들이다. 선생의 도움이 없었더라면, 책을 통한 나의 영적 성숙은 상당히 둔화되었을 것이다.

가장 진한 감사의 마음은 김은홍 CTK 편집장과 김도완 대표에 대한 것이다. 김 편집장은 내가 이 글을 쓰도록 하는 데 결정적 역할을 한 장본인이다. 그는 몇 년 전(2015년 12월 초) 책집을 처음 방문한 후, 내게 책에 대한 글을 써 보라고 자극과 격려를 아끼지 않았다. 그 결과 2017년부터 2019년에 이르기까지 25회에 걸친 글을 CTK에 연재하게 되었다. 그의 독특한(?) 권장이 없었더라면, 나는 결코 이런 내용의 글쓰기를 시도하지 않았을 것이다.

김도완 대표는 CTK 연재물에 깊은 관심을 표명하곤 했다. 그래서 종종 이 연재 내용(물론 개정과 보완 작업을 거쳐야 하겠지만)이 책자화되었으면 좋겠다고 뜻을 표명했다. 그는 이 책의 내용을 믿어 주었고 저자를 믿어 주었으며, 무엇보다도 흩어진 원고가 한 권의 책으로 모습을 갖추는 일에 열성과 끈기를 보여 주었다. 글을 쓰는 사람으로서는 출판 담당자의 이런 신뢰와 신실함이 한없이 고마운 법이다. 아 참, 그리고 책의 편집 과정에 박동욱 편집장 역시 감성미와

창의력으로써 기여하였음을 기꺼운 마음으로 공표하는 바
이다.

물론 우리 가족도 고마움을 전하는 대상에서 빠질 수 없
다. 아내는 늘 그렇듯 모든 타이프세팅을 도맡아 주었다.
아내를 포함하여 아들(희섭), 딸(희경)은 매주 토요일 밤 가
족 성경 공부 시간에 이 책의 출간을 위해서 기도했다. 이
런 가족이 있어 행복하기 짝이 없다.

2021년 1월 6일
송인규

책집의 탄생

책의 호출

분류의 미덕

독서의 묘수

책의
미로

✧

책집의 탄생

✧

나는 책을 모으면서도
동시에 경계한다.

책은 참으로 나의 일부이다. 책과 자료, 또 그에 근거한 지식이 없는 '나'는 어쩌면 뇌의 일부가 제거되거나 그 정상적 기능을 잃은 인간에 비유되지 않을까 싶다. 책이 언제부터 나의 일부로 자리를 잡았는지는 확실하지 않다. 아마도 글을 익히고 나서 무언가를 읽을 때부터 점차 그렇게 되었을 것이다.

책의 동굴 속으로

책이나 인쇄된 자료와의 접촉은, 어렸을 때 아버지로부터 배운 천자문과 초등학교 교과서를 제외한다면, 예닐곱 살쯤(1955-56년) 서울 북아현동 집 뒤 넓은 공터에서 이야기책인지 만화인지 장화홍련전 일부를 주워들면서 시작된 것으로 기억한다. 글쟁이까지는 아니지만 글쓰기를 좋아했던 아버지의 영향으로 나도 이른바 '문과 체질'을 타고났다고 생각했고, 한때는 소설가를 꿈꾸기도 했다.

그렇다고 독서량이 대단하거나 책 읽기에 깊이가 있지는 않았다. 고등학교 다닐 때쯤(1964-66년) 해서는 출판사마다 '한국단편문학전집', '세계문학전집' 같은 야심 찬 시리즈 간행이 유행이었다. 그때 나는 어떻게 해서든 이런 전집류를 한 권도 빠짐없이 모으려 했고, 그 일부를 읽기도 했다. 나중에 알았지만, 나는 책 읽는 즐거움도 추구했으나 그에 더해 일종의 수집벽을 충족하고자 했다.

지금 생각해 보면 나는 매우 우울하고 불행한 고교 시절을 보냈다. 키가 무척 작다는 사실 때문이었다. 아주 어릴 적부터 나보다 키가 큰 남동생과 비교되면서 고민이 싹텄는데, 이것이 뒤늦게 찾아온 사춘기와 겹쳐 더욱 악화하였다. 그러면서 장용학의《비인 탄생》, 손창섭의 단편소설들(등장인물은 상이용사나 사회 부적응자 등으로 열등의식에 '쩔어' 있음), 이상의 괴이한 시 속으로 빠져들었다. 나를 그런 인물들과 동일시했고 거기에서 병든 쾌감과 안도감을 맛보았으며, 현실로부터 도피하기 시작했다.

물론 그 시절에《아메리카의 비극》,《빨강 머리 앤》,《제인 에어》,《폭풍의 언덕》,《차타레 부인의 사랑》등 손에 닿는 대로 이것저것을 읽었지만, 정작 내가 둥지를 틀고 함께 머물고자 하던 이들은 장용학이나 손창섭이 만들어 낸 인간 이하의 존재들이었다. 나는 그들이 거주하던 동굴에 뻔질나게 드나들다가 드디어 짐을 풀고 항구적으로 터전을 잡았다. 거기가 그렇게 오붓하고 편할 수가 없었다. 그러다가 그 동굴을 떠나 세상으로 나올라치면 진땀이 나고 어지러워 견디기가 보통 힘든 것이 아니었다. 그래서 나도 소설가처럼 책장에다 어쭙잖게 적어 보기도 했다. "지구야, 어지럽다, 잠깐 멈추렴. 나 좀 내리게."

기독교 신앙과 책

내가 끝내 자아 상실증이나 몽상적 자폐증으로부터 탈피한 것은 책 때문이 아니었다. 오히려 두 해가량의 군대생활(1971-72년)과 무엇보다도 대학교 3학년(1970년) 때 소개받은 기독교 신앙이 중요한 역할을 했다. 이런 면에서 예수를 믿는 믿음은 내게 이중적(구원과 정신건강)으로 의미가 크다.

반면 소설 등 문예서 읽기 면에서는 퇴보를 불러오기도 했다. 그러나 이 말은 예수를 믿는 신앙이 본유적으로 문학이나 소설 읽기와 충돌을 일으킨다는 뜻은 아니다(물론 그렇게 느끼는 사람들도 있지만 내 경우에는 그렇지 않았다). 사실 기독 신앙을 가진 이후 특히 1974년도부터 한국기독학생회 IVF 간사로 활동하면서도 책 읽는 습관은 사라지지 않았다.

단지 그 이전처럼 소설이나 문학 서적을 탐독할 기회가 거의 없었다는 말이다. 간사로서 학생들을 지도하다 보니 기독 신앙에 연관된 여러 책(큐티, 성경공부, 전도, 양육, 해외 선교, 이성 교제, 성경과 교리, 학과 공부, 대중문화 등)을 읽어 내는 일에 주력해야 했다.

그러면서 특히 자극을 받은 사안은 신앙과 생활의 연계 문제, 기독교 세계관, 기독 신앙과 학문(전공과목) 사이의 관계 등이었다. 사역 초기에는 얼마 전까지 시달렸던 열등의식 문제 때문에 그리스도인의 정서적 성숙, 내면세계의 치유, 기독교와 심리학 사이의 관계를 조명하는 책에 깊은 관심을 가졌다. 그 어간에 신학(M. Div. 과정)을 공부하고, 신학에 노출되면서 책에 대한 개인적 관심은 인간의 삶을 논하는 각 방면의 전문 서적으로 범위가 확장되었다. 그리하여 복음을 전하고 가르치는 데 연관된 기초 서적에서 시작하여, 신앙과 삶이 교차하는 영역의 사안과 이슈를 다루는 책들, 기독 신앙과 여러 학문(인문과학, 사회과학, 자연과학) 사이의 관계 설정을 논하는 책에 이르기까지 그야말로 관심의 폭이 엄청나게 넓어졌다.

책과 사귀는 세 단계

자연히 그 이후로 책이 불어났고, 막을 수 없었다. 읽고 싶은 책들, 설교나 강의를 위해 필요한 책들, 집중적 탐구 대상인 책들…. 더 이상의 공부를 하겠다고 미국행을 단행한 1983년에 나는 이미 꽤 많은 분량의 책들을 끌어안고 한국을 떠나야 했다. 미국에 머문 13년 동안 어디에 가서 살든 책은 골칫덩이였다. 학위를 가까스로 마치고 1996년 귀국할 때 내게 남은 것은 한국에 보내는 책 200상자 밖에 없었다.

어찌어찌하여 북수원 쪽에 꽤 큰 전셋집을 얻은 것은 그나마 큰 다행이었다. 부모님과 아이들까지 합쳐 여섯 식구, 거기다 책 200상자가 들어갈 공간을 확보하는 일이 쉽지는 않았다. 그런데 그 집에 7년을 있으면서 아이들은 알레르기와 비염 증상에 시달렸다. 분명 책 먼지가 주범이었다. 그러다가 2003년에 처음으로 식구들의 거주지와 책의 보관 장소를 분리할 수 있었다. 후자를 이름하여 '책집'이라고 했다. 그 후 몇 번을 옮기며 이리저리 방황하다가 오늘의 책집으로 안착하게 되었다.

책집의 책들은 단순히 나의 소유물이 아니다. 전에는 그

랬었다. 그러다가 언제부터인가 나는 사람이 사람과만 사귀는 것이 아니고 책과도 '사귐'을 발견했다. 책집에 있는 책들은 내가 사귀는 상대요, 나와의 사귐을 통해서 책집으로 영입되었다고 할 수 있다.

내가 어떤 특정한 책과 사귀는 데는 세 단계의 과정이 있다. 첫 단계는 해당 책자를 처음 소개받는 일이다. 과거 남녀가 만나는 방식에 중매와 연애가 있었듯, 책과의 처음 접촉도 비슷하다. 전에는 주로 수시로 드나드는 서점이 연애 장소였다. 물론 각종 미디어의 책 소개 코너나 책 광고 등도 중요한 몫을 했다. 그러다가 요즘은 인터넷 알선이 훨씬 더 빈번해졌다. 중매는 어떤 사람이 특정 서적을 추천하며 혹시 읽어 봤느냐고 정보를 줄 때, 다른 사람의 서가를 둘러보다가 관심 있는 책을 접할 때, 또는 전문 서적 같으면 책이나 논문의 참조·인용 도서 목록에서 눈길을 끄는 책이 있을 때 이루어진다. 연애든 중매든 만나는 책을 모두 사지는 않지만, 평소에 관심이 있던 주제의 책이라면 영락없이 그 책과의 사귐을 결심한다.

둘째 단계는 산 책들을 훑어보는 작업이다. 새로운 책을 대할 때의 설렘과 기쁨은 말할 수 없다. 특히 외국에서 주문한 책이 든 상자를 처음 뜯을 때의 희열이란 보물 상자를 여는 것과 비슷하다고나 할까?! 책을 입수하면 책 전체의 형태, 표지, 저자, 출판사, 소개문을 보고, 곧장 목차를 점검한다(어떤 경우에는 첫 단계에서 이런 작업을 충분히 했기 때문에 그냥 넘어가기도 한다).

그러면서 책과의 사귐은 더욱 깊어진다. 둘째 단계에 접어들었다는 외적 표시는 책의 뒤표지 안쪽에 1. from(또는 at) 표시(어떤 서점에서, 누구로부터, 어떤 계기에 책을 구입, 획득하게 되었는지를 밝힘), 2. 날짜와 요일, 3. 내 이름을 적음으로써 확실해진다. 그러고는 내 특유의 분류법에 따라 우리 집이나 책집의 서가 여기저기에 배속한다.

셋째는 그야말로 깊은 사귐에 해당하는 단계로서 그 책의 일부나 상당 부분을 읽을 때 형성된다. 나는 산 책을 한 번에 읽는 적이 거의 없다. 가장 관심이 있는 책이나 자료는 화장실에서 매일 조금씩 읽지만, 이런 대상은 극소수에 불과하다. 그래도 나와의 접촉이 잦은 책들은 내가 관심을 많이 쏟는 주제의 것들이다. 예를 들어, 과학과 신앙·동성애·세계관·학문과 신앙·철학 신학·복음주의·악과 고난의 문제 등이 몇몇 예이다. 이런 주제들은 항시 나의 관심과 이목을 붙들기 때문에 이에 속한 책들도 따라서 빈번히 나의 손길을 경험한다.

물론 가장 친한 책들은 내가 세밀한 탐구 대상으로 삼은 것들이다. 특정 주제에 관해 책이나 논문을 써야 하든지 잡지 기사를 부탁받든지 특정 주제의 강의를 해야 할 때, 나는 연관된 주제의 책들을 몽땅 가져와 읽기 시작한다. 얼마나 많은 책을 얼마나 자세하게 읽느냐는 글의 성격과 내용에 따라 다르다. 그러나 이렇게 하여 내 탐색의 대상이 된 책들에는 훨씬 애틋한 마음을 품게 된다.

이러한 세 단계 과정을 겪으면서 책은 내게 길들고 나 또한 책에 길든다. 홀로 책집에 들어가 있으면, 서가에 꽂힌 책들이 내게 인사를 하고 자기를 살펴 달라며 눈짓을 한다. 책을 꺼내든지 정리하든지 그 내용을 생각하면, 책은 각 권으로 또는 무더기로 내 안에 슬쩍 들어와 내게 말을 걸면서 언제까지나 함께 머물기를 청한다.

나와 인연을 맺은 모든 책은 이처럼 나에게 특별 대우를 받는다. 그것들은 나의 친구요 연인이자 식구이기 때문이다. 비유컨대 나의 의식은 책들 위에 무지개처럼 생생한 자태를 드리우고 있고, 나는 수시로 내 식구들의 함성과 제스처로 인해 활발한 의식 작용이 촉발되곤 한다.

책에서 지식으로

내가 IVF 간사로 사역한 지 몇 년 되지 않은 때부터, 즉 각종 서적에 흥미를 느끼며 책을 사들이기 시작한 때부터, 내 마음에는 전에 없던 고민과 갈등이 싹텄다. 그것은 소유물로 책을 대하는 마음의 태도 문제였다. 책의 권수가 늘어가면서 무언가를 성취하고 있다는 느낌이 들고, 사람들 앞에 '폼'을 잡을 수 있으며, 무엇보다 자신의 소유물에 대한 뿌듯함이 점점 커졌다. 하지만 마음 한구석에서는 무언가 잘못되었다는 느낌도 어렴풋이 들기 시작했다. 그러다가 결정적인 계기가 찾아왔는데, 예수께서 "이와 같이 너희 중의 누구든지 자기의 모든 소유를 버리지 아니하면 능히 내 제자가 되지 못하리라"(눅 14:33)라고 한 말씀을 대하면서였다. 결국 나는 책이라는 소유물에 집착하고 있음을 인정할 수밖에 없었다.

처음에 나는 "하나님, 책은 일반적인 소유물과는 다르지 않습니까? 재물이야 십중팔구 탐욕을 일으키지만, 책은 좀 다르지 않나요? 책은 재물보다 훨씬 더 고상한 게 아닌가요?" 하면서 하나님과 자성 반 합리화 반의 힘든 씨름을 벌이곤 했다. 그러다가 금세 내가 솔직하지 않다는 사실을 깨달았다. 재물에 대한 욕구든 책에 대한 욕구든 선을 넘으면 똑같이 '탐심'이며, 탐심은 그 대상이 무엇이든 우상 숭배였다(골 3:5).

결국 나는 하나님 앞에 나의 문제점과 잘못을 고백했다. 그리고 그 고백과 연계하여, 내 책은 내 것이 아니므로 한시적으로 사용하다가 후에는 필요한 곳에 기증하겠다는 다짐을 굳혔다. 그 후에도 몇 번씩 소유욕이라는 떨치기 힘든 유혹과 맞닥뜨려야 했지만, 그래도 대체로 마음의 평화를 찾았다고 할 수 있다. 책이라는 소유물에 대한 집착은 책에 대한 청지기 의식과 종국적인 기증 계획으로 점차 극복할 수 있었다.

이렇게 하여 나는 책과 관련한 '집착'의 괴물을 모두 퇴치한 줄 알았다. 적어도 십수 년 전까지는 그렇게 생각했다. 그러나 어리석은 속단이었다. 집착의 괴물은 하나가 아니고, 더욱 강력한 쌍둥이 형을 가지고 있었다. 이 괴물은 '지식에 대한 집착'으로서 '소유물에 대한 집착'은 저리 가라 할 정도로 강력했다.

대다수 사람은 '지식에 대한 집착'은 오히려 좋은 것 아니냐고 물을지 모르겠다. 한편으로는 당연히 그렇다. 알고 싶고 배우고 싶고 깨닫고 싶은 욕구는 선한 것이다. 그렇기에 나 역시 언젠가부터 책의 많음보다 지식의 많음이 훨씬 중요하다고 인식하게 되었다. 그리고 어떤 깊은 사상이나 이론을 배우거나, 과거에 제대로 이해하지 못했던 개념을 올바로 깨닫거나, 피상적인 현상에만 몰두하다가 심층적 이유를 간파하게 되었을 때 엄청난 희열에 잠기곤 했다.

지식 획득의 즐거움이 그 자체로는 선하고 아름답지만, 우리의 타락한 본성과 짝을 지으면 지식에 대한 욕구조차 매우 고등한 형태의 집착과 탐욕으로 둔갑할 수 있다. 이 점과 관련하여 나는 IVF 간사 시절에 읽은 한 글에서 반복적으로 자극을 받았다. 그 글은 약 250년 전 인도와 페르시아 지방에 선교사로 파송되었다가 31세에 요절한 헨리 마틴Henry Martyn(1781-1812)의 고백이다. 그는 수학과 언어를 무척 좋아했는데 어느 때부턴가 하나님보다 그것들을 더 좋아하는 게 아닌가 하는 양심의 가책 때문에 괴로워했다. 물론 우리는 헨리 마틴이 특이한 인물이라서 영적으로 너무 예민했던 것 아니냐고 평가할 수 있다. 그러나 나로서는 그 고백이야말로 지식에 대한 나의 집착을 오래전부터 경고하신 하나님의 목소리이자 은혜로 생각한다.

지식에 대한 집착이 일으키는 가장 큰 증상은 지적 교만이다. 자신의 지식이 많고 큼에 스스로 매료되어 모든 지식과 지혜의 근본이신 하나님을 경외하지 않는 일, 자신보다 지식이 덜한 이들 위에 군림하기를 좋아하고 이들을 짐짓 깔보거나 무시하는 일, 이것이 지적 교만의 이중적 특징이다. 일단 지적 교만에 빠지면 지식을 통해 하나님을 경외하는 일은 물 건너가 버리고 만다. 또 지식이라는 은사를 활용하여 이웃을 섬기고 풍요롭게 한다는 생각은 떠오르지조차 않는다. 푸코가 지식과 권세를 불가피할 정도로 동일시한 것은 인간 본성의 어두움에 대한 섬뜩한 통찰력으로 여겨진다.

나는 책을 통한 지식의 폭과 깊이가 더할수록 더욱 지식욕에 집착하는 경우가 있었고, 그 결과 원래 모습이 점점 더 흉하게 일그러질 수 있음을 위기의식 가운데 절감하곤 했다. 어린 시절《불가사리》라는 만화를 읽었는데, 누군가 닥치는 대로 쇠붙이를 먹어 치우다가 몸이 점점 커져 상상을 초월하는 괴물로 변한다는 내용이었다. 그런데 때로 나 자신이 그런 불가사리처럼 느껴졌다. 불가사리가 쇠를 먹는다면, 나는 지식을 흡수한다는 점에 차이가 있다. 그러나 둘 다 뭔가를 끊임없이 게걸스레 먹어 치운다는 점은 공통적이다.

물론 지식 추구의 전망이 그렇게 끊임없이 집착적인(그리하여 더할 나위 없이 비관적인) 것만은 아니다. 그러나 '책-지식'과 관련하여 또 다른 괴물의 존재함을 일깨우는 일은 매우 중요하기 때문에 최악의 시나리오를 그려 본 것이다.

사실 그리스도인을 포함하여 대다수 사람에게는 지식에 대한 집착이 아니라 지식에 대한 무관심(이것은 종종 책을 멀리하고 책 읽기를 꺼리는 경향에서 유발한다)과 지적 나태가 문제라고 생각한다. 내가 만든 표현을 빌리자면, 요즘 많은 사람이 지적 조로증무老症에 시달리는 것 같다. 40대 중반 이후부터 지적 호기심이 현저히 줄어들고 새로운 아이디어나 생각을 만나기 꺼리며 인습적 사고와 고정 관념에 안주하려는 경향을 보인다. 이러한 증상을 예방하려면 책 읽기와 이를 통한 지식 추구를 습성화하는 수밖에 없다.

결국 나는 두 가지 선택의 갈림길에 선 셈이다. 하나는 지식의 '불가사리'처럼 끊임없이 집착과 탐욕의 화신으로 변모하는 길이다. 또 하나는 하나님 사랑과 이웃 사랑을 경건의 훈련으로 공고히 하는 가운데 지식을 추구하는 길이다. 그리하여 지식을 통해 하나님을 경외하고 지식을 통해 이웃을 섬기는 그리스도인다운 삶을 지향하는 것이다.

나는 오늘도 책집에 앉아서 책과 벗하며 지식을 탐구하는 중이다. 나의 책집이 하나님을 모신 성소가 되고 집착의 괴물이 사는 본거지가 되지 않도록 안간힘을 쓰면서 말이다.

독서가는 책을 모으는 것이 아니라 지식과 체험, 생각 등
무형의 것을 모으는 것이다.

사실 책 그 자체일 때도 있다.

책의 호출

책을 집어 드는 이유가

늘 같지는 않았다.

대체 왜 책을 읽소? 이 질문을 거론하자니 김상용 시인의 〈남으로 창으로 내겠소〉의 한 소절이 떠오른다. "왜 사냐 건 / 웃지요." 거의 선인의 경지에 이른 대답이다. 그런데 책 읽기에 대해서만큼은 그저 웃으며 지나칠 수가 없다. 뭔가 답변이 필요하다.

사실 나의 책집을 찾는 이들이 제일 먼저 던지는 질문은 결코 "왜 책을 읽나요?"가 아니다. 흔한 질문은 그것보다 좀 더 현실적이다. 빈도에 따라 열거하자면 단연코 윗자리를 차지하는 질문은 이것들이다. 1. "책이 몇 권이나 됩니까?" 2. "이 책을 다 읽었나요?" (아니면, "이 중 몇 권이나 읽었나요?") 그리고 3. (좀 더 은밀한 목소리로) "이 책들을 값으로 치면 얼마나 될까요?" 이런 질문들도 무시할 수는 없지만, 책 읽기의 본질을 건드리는 질문 같지는 않다. (두 번째 질문은 그래도 좀 더 연관이 있지만.)

왜 책을 읽느냐는 질문은 훨씬 더 사안의 중심부를 지향한다. 이것은 책 읽기의 이유 또는 목표와 관련된 것이어서, 함부로 물리기가 힘들다. 그런데 책 읽기가 그토록 중요하기 때문에 어떤 이들은 이 질문을 너무 심각하게 받아들여 이론적으로 상당히 정교한 답변을 준비한다. 약간의 체면치레와 점잖은 말을 동원함으로써 경박하다고 취급받지 않을 근거들을 줄줄이 내건다는 말이다. 나는 그러고 싶지 않다. 그냥 내가 느끼고 경험한 이유를 솔직히 표현하고자 한다.

세 가지 이유

내가 지금까지 책을 읽은 이유를 대략 되돌아보면, 서로 맞물린 세 가지 이유가 모습을 드러낸다. 첫째, 무엇보다 나는 자극을 받고 싶어 책을 읽는다. 인간의 모든 시스템은 대체로 자극이 없으면 활성화가 잘되지 않는다. 그 시스템이 생리적이든 성적이든 심리적이든 영적이든 마찬가지이고, 특히 지적 기능의 면에서는 더욱 그렇다. 이런 의미에서 모든 자극은 유익한 것으로 평가되어야 한다.

지적 자극은 지적 성장과 발전에 필수 요건이다. 책 읽기를 통해 우리 인식의 지평이 더욱 확장되기 때문이다. 책을 읽으면서 우리는 모르던 것을 알게 되고, 피상적으로나 잘못 알던 것을 개선하고 교정할 뿐 아니라 자연의 이치나 사회 작동, 문화 현상의 메커니즘을 더 심층적으로 파악하게 된다. 이것은 지식의 양과 질 모두에 영향을 미친다.

여기서 말하는 '지식' 또는 '지적 발전'이 꼭 학문적이거나 전문 영역과 연관된 것으로만 생각할 필요는 없다. 현미와 흑미의 차이부터 시작하여, 아동의 전인적 발달에 왜 부모 양자의 역할이 모두 중요한지, 권사직의 성경적 근거가 무엇인지, 장로교와 칼뱅주의가 어떻게 연관이 되는지, 왜 '과학기술'이 함께 붙어 다니는지 등 일상적이고 소소한 것들도 제외되지 않는다. 어쨌든 책은 여러 방면에서 우리를 지적으로 자극하여 지식 함양을 돕고 우리에게 지적 성장과 발전을 가져다준다.

둘째, 내가 책을 읽는 것은 호기심 때문이다. 책에 대한 호기심은 책의 제목, 주제, 목차, 내용, 필치 등을 총망라한다. 나는 현재 여러 주제에 관심이 있다. 줄잡아 70-80가지 주제는 될 듯한데, 조직신학, 세계관, 악의 문제, 과학과 신앙, 동성애 같은 커다란 주제부터 이혼, 양심, 최면술, 성경 적용, 하나님의 고통처럼 비교적 범위가 좁은 주제에 이르기까지 매우 다양하다. 나의 집과 책집에 있는 책들은 나만의 특유한 관심사에 따라 (상당히 제멋대로) 분류되어 있다.

내가 관심 있는 주제의 책이나 책의 정보를 접하면, 최소한 목차라도 일별하고 싶어 안달이 난다. 그 책을 누가 썼느냐, 저자가 어떤 관점을 가지고 있느냐, 종교인이냐 아니냐 등은 이차적인 관심사일 뿐이다. 그 주제에 대한 호기심이 상당히 크든지 혹은 그 책이 해당 주제와 관련하여 특이하거나 독보적인 위치를 차지하고 있다든지 하면, 반드시 그 책을 구입한다. 그 정도가 좀 덜하면 당장은 사들이지 않더라도 임시로 만든 도서 구입 목록에 포함해 둔다.

만일 이런 호기심이 줄어들거나 제거된다면, 나의 책 읽기 활동 또한 크게 격감할 것이다. 반대로 이런 관심과 호기심이 촉발되는 한, 나의 책 읽기 역시 음식을 먹듯 숨을 쉬듯 끊임없이 지속될 것이다.

셋째, 나는 필요를 충족하고자 책 읽기에 몰두한다. 이것은 책 읽기의 이유 가운데 가장 현실적이고 실제적인 항목이다. 대체 나에게는 어떤 종류의 필요가 있다는 말인가?

가장 기본적인 필요는 질문이나 의문점에 대한 답변을 준비할 때 대두된다. 그것이 전도 방식에 관한 것이든 '베들레헴의 별'에 대한 해석이든 아니면 삼위일체 교리에 대한 것이든, 그런 질문에 책임 있는 답변을 마련하려면 책의 도움을 받지 않을 수 없다. 심지어는 그 질문이나 의문점이 남이 아닌 나 자신으로부터 시작된 것일 수도 있다. 이처럼 질문의 출처가 누구든 답변은 마련되어야 하는데, 이때 책 읽기는 큰 도움이 된다.

한 걸음 더 나아가 기독교 사역자나 지도자로 사명을 다
하려면 책을 읽어 내는 노력은 필수 요건이다. 지도자는 교
우들을 위해 정기적으로 강의나 설교를 준비해야 하는데,
주석이나 성경사전, 신학사전은 말할 것도 없고 각종 신학
분야의 해당 서적이나 연관 자료 없이 어떻게 그 책임을
다할 수 있겠는가?

특히 어떤 지도자가 책을 펴내고자 한다면 책 읽기의 필
요성은 더욱 커진다. 책 읽기를 통해 쓰고자 하는 주제에
대한 인식도와 문제점을 파악할 수 있고, 현재까지 이런 주
제에 관한 연구가 어디까지 진행됐는지 '감'을 잡을 수 있
으며, 펴내려는 책을 통해 목회와 현실 사이에 존재하는 괴
리를 어느 정도나 메울 수 있는지 가늠하고 예측하는 일
또한 가능하기 때문이다.

그런데 실제로는 이런 세 가지 이유(나 그 일부)가 한데
얽혀서 나타난다. 내 생애를 돌아보면 어떤 시기에는 책 읽
기가 주로 지적 자극과 호기심 때문에 이루어지기도 했고,
또 다른 연령대에는 호기심이나 필요의 충족이 주된 이유
였다. 심지어 필요 충족이라는 한 가지 이유 때문에 책을 놓
지 않은 때도 있었다. 이처럼 인생의 시기에 따라 책 읽는
이유가 바뀌었는데, 어떻게 변화했는지를 이야기하고 싶다.

초기: 필요 충족

나는 1974년 대학을 졸업하면서부터 1983년 미국 유학 길에 오르기까지 IVF 사역자로 일했다. 지금 생각해 보면 간사가 될 만한 자격을 전혀 갖추지 못했지만, 그때로서는 어쩔 수 없었다.

간사가 된 초년에 나는 다른 선교 단체의 사역자를 통해서 존 스토트의 《기독교의 기본 진리》와 프랭크 호튼의 《조용한 시간》을 소개받았다. 두 책에서 받은 유익은 그야말로 획기적이었다. 그러고 나서 보니 IVF 사무실 한쪽 책장에 몇십 권 정도 책이 꽂혀 있었다(나중에 알았지만 주로 영국 IVF 책이었고 간간이 미국 IVF 책도 섞여 있었다). 그때부터 그 책들을 닥치는 대로 읽기 시작했다. 그러면서 나 자신이 빠른 속도로 자라났고 학생들을 지도할 역량이 키워졌다.

학생 대상 설교와 강의 준비, 소수 인원 양육과 훈련을 위해서는 이런 책자와 자료들이 적실했다. 비록 내가 신학교의 목회학 석사M. Div. 과정을 거쳤지만(1975년, 1978-79년), 그 교육은 목회자를 배출하기 위한 것이었지 대학생 사역에 초점이 맞추어져 있지는 않았다. 그래서 신학교에서 읽고 추천받은 책들은 대학생 선교에 직접적으로 도움을 주지 못했다. 따라서 내게는 IVF의 책들이야말로 훨씬 더 중요하고 귀한 자료가 되었다.

몇 년이 지나고서부터 나는 대학생 선교에서 문서 운동이 얼마나 중요한지를 깨달았고, 특히 한국 젊은이들의 신앙적 필요를 충족시키려면 토착화된 글과 저술이 필요함을 절감했다. 1980년도 이전까지 한국에는 번역된 기독교 서적이 그리 많지 않았을 뿐만 아니라, 그것조차도 주로 목회자를 위한 성경 주석이나 목회 사역을 돕는 내용의 책들이 대부분이었다. 대학생을 위한 책은 번역서는 말할 것도 없고 한국인 저자의 저술은 더더욱 찾기 힘들었다.

나는 내 나름대로 글을 써야 한다고 생각했다. 우선 〈복음과 지성〉, 〈대학가〉, 〈학사회보〉, 〈작은 누가들의 세계〉 등 회보를 이용하여 짧지만 필요하다고 여겨지는 글들을 싣기 시작했다.

또 《행복에의 초대》나 《새로운 삶의 길》 등 성경공부 교재를 만들어 전도와 양육에 충당했다. 그리고 문고판 수준을 벗어나지 못했지만 《참된 복》, 《검은 상처의 트루스》, 《죄 많은 이 세상으로 충분한가?》 등의 책을 발간하기도 했다. 그런데 이런 모든 글쓰기는 주로 IVF 책자들을 읽음으로써 가능했다.

중기: 자극과 호기심

나는 드디어 1983년 10월에 미국행을 단행했다. 1984년 8월부터 1987년 6월까지 미시간주 그랜드래피즈에 있으면서 변증학 전공으로 신학석사Th. M. 과정을 마쳤고, 그 후 9년간(1987년 8월-1996년 8월)은 뉴욕주 시러큐스와 이타카에 거주하면서 철학 공부를 마쳤다.

이 기간 나의 책 읽기는 상당히 큰 변화를 겪었다. 가장 큰 이유는 전공을 변증학과 철학으로 바꾸면서 여러 학문 분야를 접했기 때문이었다. 사실 칼빈신학원에서 신학석사 과정을 할 때 학부생을 위한 철학 기초 과목들(철학사, 논리학, 인식론)을 이수했고, 또 그 당시에 있었던 기독교학문석사과정M.A.C.S.에도 등록을 했기 때문에 독일어·역사·기독교 학문 토대 과정 등도 수강을 했다. 또 1987년 여름 방학 때에는 시카고 근교의 전문대학에서 종교학과 심리학 기본 과정을 듣기도 했다.

1987년에 본격적으로 철학 공부를 시작하자 나의 관심 분야는 철학 본류(인식론, 형이상학, 윤리학, 논리학 등)로 확장되었고, 또 예술 철학·물리 철학·종교 철학·대륙 철학·의료 윤리의 해당 세미나에 참석하면서 그야말로 거의 모든 학문 분야와 이론 영역이 호기심의 대상이 되었다. 책을 읽으면서 자극을 받고 호기심이 충족되었고, 다시금 지적 자극과 호기심 충족을 위해서 책을 읽었다.

이외에도 다른 두 요인이 책 읽는 이유를 자극과 호기심에 묶어 놓았다. 첫째, 엄청난 양의 출판사 카탈로그가 집으로 배달되었기 때문이다. 기독교 출판사든 일반 출판사든 아니면 전문화된 대학 출판부든 어떤 책을 한 권 주문해서 사면, 그다음부터는 자기 출판사의 카탈로그를 집 주소로 보내 주곤 했다. 세월이 흐를수록 이 카탈로그의 수효가 늘어났고, 나중에는 시간이 부족해 카탈로그를 일별조차 할 수 없는 지경까지 이르렀다. 당시 화장실 옆에 카탈로그를 쌓아 놓고 주 업무가 용변인지 책 찾기인지 모를 정도로 시간을 보내곤 했던 일이 지금까지도 생생하다. 어쨌든 이런 카탈로그를 살피면서(책 내용을 읽는 것이 아닌데도) 나는 상상 이상으로 지적 도전을 받았고 호기심이 충족되는 경험을 했다.

둘째, 거주하던 지역의 서점들을 들락거리면서 자극과 호기심을 번갈아 느끼곤 했다. 미국은 어느 지역에 가든 서점들을 어렵지 않게 찾을 수 있다. 신간을 다루는 서점만이 아니고 헌책방(이나 고서점)도 마찬가지이다.

특히 그 지역이 대학 단지면 신간이든 헌책이든 짭짤한 종류의 서적들이 많이 갖추어져 있다. 전에 내가 살던 뉴욕 주 이타카에는 부커리Bookery라는 서점이 있었는데, 한쪽에는 신간을, 다른 쪽에는 헌책을 놓아두었고, 헌책도 여러 분야의 전문 서적이 즐비했다. 어쩌다 이런 서점을 찾으면, 진열된 책들의 목차를 읽고 일부 내용을 잠시 뒤적거리는 정도인데도 한나절이 후딱 지나곤 했다. 그런 동안에 나는 엄청날 정도로 지적 도전을 받았고, 호기심의 발동과 진정을 연이어 경험했다.

후기: 자극·호기심·필요 충족

나는 1996년 8월 수원에 안착하여 신학교에서 조직신학을 가르치는 일에 몰두하기 시작했다. 18년 가까이 그 직무를 계속했고, 약 6년 6개월 전에 은퇴했다. 이 기간의 책 읽기는 세 가지 이유가 함께 작용한 결과라고 판정할 수 있다.

첫째, 지적 자극의 이유를 거론하지 않을 수 없다. 실상 귀국 후에는 지적 자극이 그 정도나 빈도 면에서 과거 미국 체류 시절보다 상당히 약화되었다고 할 수 있다. 우선 조직신학 과목을 가르치다 보니 그 전공에만 집중해야 하고, 다른 분야에 신경을 쓰거나 시간을 낼 여유가 별로 생기지 않았다.

또 예전처럼 출판사의 카탈로그를 마음껏 받아 볼 수도 없었다. 특히 21세기로 접어들면서 온라인 카탈로그로 전환하는 경우가 많았는데, 나는 이런 방식이 익숙하지 않아 예전만큼 책 소개와 정보에 짬을 내지 못했다. 더욱이 한국은 서점이 가까이 있어도 전문 서적 확보량이 그리 많지 않은 데다가 헌책방이나 고서점이 매우 드물어서, 서점 방문으로 지적 자극을 맛보았던 일은 다른 나라 이야기가 되고 말았다. 인터넷 서점이 활성화되기 전까지는 그나마 서점을 찾는 재미가 쏠쏠했는데, 이제는 그런 즐거움조차 사라졌다.

이러한 모든 제약에도 불구하고 나는 아직껏 지적 자극을 위해 책을 구입하고 책을 읽는다. 특히 신학교 은퇴 후에는 그래도 관심 분야가 좀 더 넓어진 셈이라고 할 수 있다.

둘째, 호기심 역시 아직껏 책 읽기의 주된 이유라고 말할 수 있다. 이 또한 미국 체류 시부터 강하게 습득된 요인인지라 기회가 주어질 때마다 발동하곤 한다. 특히 관심 있는 책을 접할 때는 (좀 과장을 섞어 말하자면) 뜨겁게 분출하는 용암처럼 호기심이 솟구친다. 또 주제별로 분류된 기존 책자들을 살피면서도 비슷한 경험을 한다.

사실 어떤 주제의 책들은 순전히 나의 호기심 때문에 별도의 주제를 부여받았다. 대표적 예가 '제사', '용모', '고전적 아르미니우스주의Classical Arminianism', '자위행위', '점진적 창조론', '트랜스젠더' 등이다. 물론 어떤 주제는 일반적 도서 분류에서도 별도의 주제로 묶였겠지만, 나로서는 호기심의 발동 때문에 그렇게 분류한 것이다. '원죄', '외계 생명체', '상대주의', '동성애', '창조와 진화', '세대주의', '인공 지능' 등이 그런 예이다.

요즘 나의 호기심을 가장 강력하게 일으키는 주제 또는 사안은 다음과 같다. '안식교 내에서의 삼위일체 논쟁', '진화론에 대한 구 프린스턴 교수들 사이의 차이점', '비기독교인 학자이면서 생물 진화론을 반대하는 이유들', '가톨릭 내의 비순응적 입장', '동성애를 지지하는 복음주의자들의 주장 논거', '죄의 전이에 대한 개혁파 내의 소수 의견들' 등. 호기심을 일으키고 동시에 잠재우는 주제들과 그에 연관한 책들이 존재하는 한, 나의 책 읽기는 결코 약화되거나 시들지 않을 것이다.

셋째, 나는 필요 충족 또한 책을 읽는 이유로 강조하지 않을 수 없다. 1996년 귀국 후 나는 10년간(1998-2007년) 새시대교회에서 목사로 봉사했다. 주일마다 설교를 해야 했기 때문에 각종 주석과 성경학 분야의 학문적·대중적 서적을 도외시할 수 없었다. 또 무엇보다도 신학교 교수로서 조직신학을 가르쳤기 때문에 여러 종류의 조직신학 전문 서적과 각양 신앙고백서 및 교리 해설서를 읽어야 했다.

그렇다고 하여 다른 주제의 글쓰기나 서적 또한 완전히 등한시할 수는 없었다. 이것이 또 내 전문 분야 이외의 다양한 기독교 서적을 읽도록 만들어 주었다. 2000년도에 들어서면서 평신도신학 관련 서적, 여러 주제의 경건·신앙 서적을 썼는데, 특히 《고립된 성》,《새로 쓴 기독교, 세계, 관》(이상 한국IVP),《성경, 어떻게 적용할 것인가》(성서유니온) 등은 저술을 위해 여러 책들을 읽어야 했다. 2006년 이후 부흥과개혁사에서 출간한 서적들,《분별력 1》,《분별력 2》,《회개와 부흥》,《일반 은총과 문화적 산물》은 더욱 그러했다.

이러한 추세에 더욱 박차를 가한 것은 2010년 이후부터 관여한 한국교회탐구센터의 사역이었다. 해마다 '교회 탐구 포럼'을 추진하면서 다양한 주제를 연구해야 하는 관계로 여러 분야의 책과 논문을 읽어야 했다. '교회 직분', '여성', '직장 생활', '청년의 성', 'QT 운동', '제자훈련', '평신도 신학', '페미니즘', '혐오', '극우파' 등의 주제와 연관해 논문을 준비하는 동안, 신학 서적은 말할 것도 없고 사회학, 심리학, 경제학 등 인접 분야 책들과도 씨름하지 않을 수 없었다. 책 읽기라는 막강한 지원군이 없었다면 이처럼 다양한 주제의 글쓰기는 실현되지 못했을 것이다.

내가 책 읽기의 이유를 '자극, 호기심, 필요 충족' 세 가지로 잡은 것은 결코 탁상공론의 결과가 아니다. 지금까지 약 40년 이상의 경험을 훑어보니 비교적 명확히 드러난 요인이 이 세 가지였기 때문에 소개한 것이다. 이것을 바꿔 놓고 이야기하자면, 책을 읽지 않으면 지적 자극을 받지 못하고, 호기심은 발동도 진정도 일어나지 않으며, 사역이나 출간 등 실제적 필요도 충족할 수 없다는 뜻이 된다. 그러니 어찌 "왜 읽냐 건 웃지요"라는 반응으로 단 한 방에 상황을 정리할 수가 있겠는가 말이다.

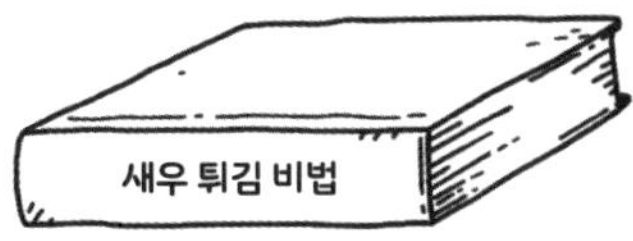

새우 튀김 책 읽기

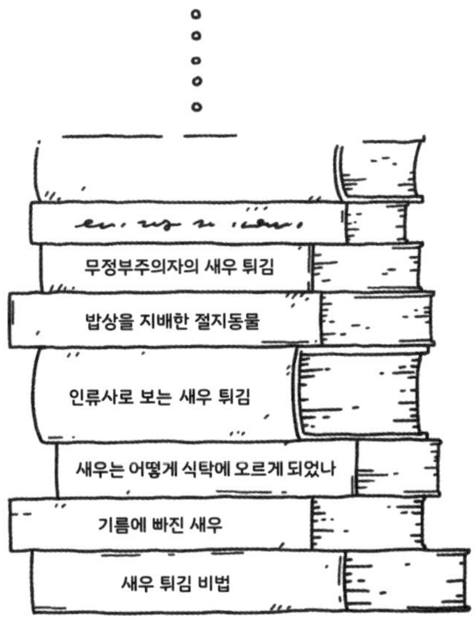

새우 튀김에 관하여 책 읽기

독서의 묘수

내가 경험한 바로는

세 가지가 중요하다.

책 읽기에 무슨 비결이라도 있는 양 일부러 의뭉스럽게 제목을 꾸몄다. 실망스러울지 모르나 책 읽기에는 도사들만이 누리는 무슨 비전의 묘법 같은 것이 없다.

"그럼 속독이니 효과적 독서법이니 하는 말들은 뭡니까?" 이내 날카로운 질문들이 내 귓전을 두들겨 댄다. 속독과 관련한 대부분의 관심은 학습의 방도, 더 정확히 말하자면 학습량의 극대화에 쏠려 있다. 일정한 시간에 방대한 양의 지식이나 학습 내용을 소화하려면, 주어진 자료를 후딱 읽어 치우지 않으면 안 된다. 자연히 '책 읽기'와 '속도'를 엮어야 했고, 눈 운동과 정신 집중 훈련을 계발해야만 했을 것이다. 그러나 이런 사안은 이 글에서 다루고자 하는 바가 아니다. 우선, 나는 속독에 별 관심도 없고 그런 읽기를 경험한 적도 없다. 혹시 관심이나 경험이 있다 해도 속독이 그리스도인의 책 읽기와 필연적으로 연관된다고 생각하지 않기 때문에, 논외의 주제로 남겨놓겠다.

그렇다고 하여 바람직한 책 읽기를 시도하는 데 아무런 도움말이나 한두 가지 힌트조차 마다하려는 것은 아니다. 전방위적 비법이나 효과적 지침까지는 아니더라도, 경험에서 배운 몇몇 사항은 유용하리라고 여겨지기 때문에 언급을 시도하도록 하겠다.

그런데 일단 힌트를 제시하기 전에 내가 집중하려는 책의 유형을 먼저 언급하는 것이 혹시 발생할지 모르는 오해나 혼란을 막는 데 도움이 되리라 생각한다. 책은 쓰인 목적이나 의도한 독자층에 따라 글의 성격이나 내용 전개와 방식이 완전히 달라진다. 실용적 안내서나 신앙 간증 위주의 문예서가 있는가 하면, 좀 더 무거운 주제와 내용을 다루는 기독교 서적들(신앙 학습서, 신학적 저술과 전문적 연구서 등)도 있다. 나는 후자의 범주에 해당하는 책들을 논의의 대상으로 삼으려 한다(전자의 책들은 별도 지침이 없더라도 별 어려움 없이 읽히기 때문에 문젯거리가 되지 않는다).

그러면 책 읽기와 관련해서 어떤 힌트를 제공할 수 있을까? 나는 세 가지 사항을 언급할 생각이다. 역시 이것들은 누구나 동의하는 객관적 방안이 아니고, 그저 내가 책을 읽으면서 체득한 (또 동시에 내가 경험하면서 중요하다고 생각하게 된) 그런 사항이다.

저자와 대화하며

사실 엄밀한 의미에서 저자와의 대화는 가능하지 않다.

책을 읽는 나는 사실적 존재로 현장에 있으나 책을 쓴 저자는 그곳에 있지 않다(더러는 고인이 되었고 더러는 딴 곳에 있다). 단지 독자인 내가 저자의 사상이나 생각, 주장에 반응하는 것이다. 그런데도 '대화'라는 말을 쓴 것은 독자가 책을 읽을 때 그저 수동적 접수자로만 남아 있지 말고, 마치 저자가 책 내용이 전달되는 현장에 있는 듯 질문을 던지고 추정적 발언을 감추지 말고 부연 설명을 요청하는 등 매우 능동적인 반응자 노릇을 하라는 뜻이다. 이러한 방도의 책 읽기는 책의 내용이나 주장을 명료히 이해하고 저자의 입장에 대한 비판적 이해를 형성하는 데 필수 불가결한 요건이다.

그런데 사실 처음 기독교 서적을 읽은 십수 년 동안 나는 '저자와의 대화'라는 개념을 소화할 역량이 갖추어지지 않았었다. 책 읽기란 그저 어떤 저자가 주장하거나 제시한 아이디어를 내 편에서 수용하는 일이었다. 그런 탓에 책을 읽다 보면 주옥같은 내용과 설명을 접하기도 하고 놓치기 싫은 통찰력이나 표현 방식에 매료되는 때가 적지 않았다. 그래서 부랴부랴 마련한 것이 가로 14센티미터, 세로 9센티미터 정도의 메모 카드였다. 이 카드는 앞뒤가 공백이고 왼쪽 위 끝에 고리를 끼는 구멍이 나 있어 한 고리에 몇십

장까지 꽂을 수 있었다(과거에는 주로 영어 단어 암기장으로 사용되곤 했다). 나는 이 카드에 저자, 책명, 출판사, 연도 등을 기입한 후 책에서 감명 깊게 읽은 내용을 페이지 번호와 함께 요약해 놓았다. 이런 카드가 늘어 가자 비로소 어떤 책을 읽은 것 같고 마음속에 뿌듯함 같은 것이 솟아났다.

그러나 아뿔싸, 세월이 흐르면 흐를수록 이 방법이 버겁게만 느껴졌다. 그도 그럴 것이 우선 시간을 엄청나게 잡아먹는다는 점이 문제였다. 책에 나온 의미심장한 내용을 카드에 남기는 일이 생각보다 시간 소요가 훨씬 컸다. 또 이런 식으로 카드를 정리하려면 카드와 필기도구뿐 아니라 적당한 기록 환경이 확보되어야 하는데, 책 읽기는 그렇게 갖춰진 조건에서만 이루어지지 않는 때가 많아서 실제적인 방법이 되지 못했다.

어려움 끝에 달리 채택한 방식은 인용함 직하거나 곱씹을 필요가 있는 내용의 페이지에 책갈피를 꽂아 놓는 것이었다. 이렇게 하면 카드에 옮겨 적는 고충도 덜고 시간도 절약되는 이점이 있었다. 그런데 여기에도 어려움이 따랐다. 읽는 책에 감명 깊은 내용이 많을 때는 책갈피가 무더기로 필요했다. 책갈피 구입 비용은 차치하고라도 나중에 책이 불룩해져 책장에 꽂기도 쉽지 않았다. 더 큰 문제는 나중에 그 책을 꺼내 보면 무엇 때문에 여기에 책갈피를 꽂아 놓았는지 알 수 없곤 하는 것이었다. 결국 이 방법도 얼마 가지 않아 폐기되었다.

그러다가 우연히 연필 표시법을 발견했다. 통찰력을 주거나 신선한 도전을 던지는 곳이 있으면 그 부분을 연필로 표시하는 방식이다. 어떨 때는 중요한 내용이나 주장에 밑줄을 긋기도 하고 상하 여백에 느낌을 적어서, 카드 기록이나 책갈피 없이도 언제든지 그 면만 펼치면 무엇이 인상적이었는지 알 수 있었다. 이것은 분명 앞의 방법들에서 찾아볼 수 없는 탁월한 이점이었다.

왜 꼭 연필을 고집하느냐고? 나는 성격이 특이해서 그런지, 책에 관해 몇 가지 금기가 있다. 우선, 책의 낱장을 접어놓지 않는다. 책을 원래 형태 그대로 보존하려는 의지가 강해 접은 자국을 무척이나 싫어하기 때문이다. 그래서 심지어는 책 페이지의 귀퉁이조차 접어놓지 않는다. 필요하면 거기에 책갈피를 꽂아 놓았다가 참조할 일이 끝나면 다시금 원위치 한다. 나는 특히 책 내용에 볼펜이나 형광펜으로 밑줄 치는 것을 매우 꺼린다. 결국 이런 괴팍한 성향 때문에 연필을 사용해서, 그것도 알아볼 만큼은 진하나 지우기 힘들 정도로 너무 진하지는 않게 줄긋기와 느낌 적기를 시도하게 되었다.

연필 표시는 점차 확대되어 1. 저자의 논점을 항목에 따라 ① ② ③ 등으로 (하부 논점이 있으면 ① a, b, c 등으로) 정리하는 것, 2. 저자의 논점에 따른 나의 반응(놀랍다, 통찰력 있다, 재미있다 등)을 적는 것, 3. 저자의 논점이나 주장 가운데 빈틈이 보이거나 미심쩍거나 의문이 가는 점을 표시하는 것, 4. 주장만 하고 그에 대한 정당한 근거 제시나 설명이 없음을 지적하는 것, 5. 나라면 이 사안을 다른 식으로 설명하겠다고 제안하는 것, 6. 이 주제나 사안은 좀 더 조사가 필요하다고 환기시키는 것 등도 포함하게 되었다.

이쯤 되면 내가 왜 "저자와 대화하며"라는 표현을 썼는지 이해가 갈 것이다. 처음에는 단순히 연필로 표시하는 방법이었는데, 급기야는 저자와 대화하는 식으로 발전한 것이었다.

분석적 읽기로

나는 책 읽기의 방법론과 관련해서 '분석적 읽기analytic reading'의 전도사가 된 지 꽤 오래되었다. 분석적 읽기란 미국의 철학자이자 교육가인 모티머 애들러Motimer J. Adler(1902-2001)가 찰스 반 도렌Charles Van Doren(1926-)과 함께 저술한 《생각을 넓혀주는 독서법》(멘토, 2000)에서 책 읽기의 셋째 수준으로 소개한 방도이다. 애들러는 이 수준 전에 첫째 수준인 '기초적 읽기elementary reading'와 둘째 수준인 '검토적 읽기inspectional reading'를 언급한 후, 그 다음 수준으로 '분석적 읽기'를 선보인다.

분석적 읽기는 그 안에 세 단계가 있는데, 단계마다 몇 가지 원칙을 포함하고 있다. 첫째 단계: 책을 분류하고 꿰뚫어 보기(4가지 원칙), 둘째 단계: 저자가 전하는 메시지 찾기(4가지 원칙), 셋째 단계: 저자를 공정하게 비평하기(7가지 원칙).

비록 내가 분석적 읽기를 매우 바람직한 책 읽기 방법으로 소개했지만, 그것이 애들러의 책을 읽고 도움을 받았기 때문만은 아니다. 더욱 근본적으로는 나만의 이야기가 있다.

나는 1996년 8월에 귀국하면서부터 합동신학대학원에서 조직신학을 가르치기로 되어 있었다. 내가 과거에 조직신학을 배우기도 했고 또 이 분야에 관심이 큰 것도 사실이지만, 실상 나의 박사학위 과정과 논문은 철학 쪽이었다.

그래서 조직신학 분야를 가르치려면 별도의 공부와 준비가 요구되던 참이었다.

기본 텍스트는 루이스 벌코프Louis Berkhof(1873-1957)의 《조직 신학》이었다. 이 책은 6부(신론, 인간론, 기독론, 구원론, 교회론, 종말론)로 구성되어 있는데(후에 따로 발간되었다가 합쳐진 서론까지 고려한다면 7부가 된다), 각 과목을 한 학기마다 가르치게 되어 있었다. 막상 한글 번역판을 가르치다 보니 1. 번역문의 부정확성, 2. 저자의 분명하지 않은 설명 내용, 3. 난해한 사상 및 개념 등이 난공불락의 성벽처럼 우뚝 솟아 있었다. 사람들은 그저 피상적으로 책을 읽고 다 알았다고 생각했지만, 정작 저자의 정확한 사상과 주장은 파악이 되지 않은 채 책 속에 그저 묻혀 있었다.

그래서 강의 전에 우선 나 자신부터 텍스트를 제대로 읽고 이해하는 일이 필요했다. 제일 먼저 영어 원본을 읽고 한글 번역판과 대조하면서 부정확한 번역이나 오역, 빠진 내용을 정리하기 시작했다. 그다음에 중요한 일은 1. 저자가 주장하는 핵심 내용이 무엇인지, 2. 저자가 자신의 논점을 몇 가지 항목으로 주장하는지, 3. 그런 주장의 근거(성경적, 신학적, 철학적 등)가 무엇인지를 세세히 밝히는 것이었다. 이때 강의안을 꾸미면서 텍스트 내용이 일사불란한 분류 체계(I, II → (1)(2) → (i)(ii) → ① ② → a, b → ㉠ ㉡ 등)에 따라 정리되도록 세부 사항까지 신경을 썼다.

이 작업을 조직신학의 일곱 영역 모두에 적용했고, 그러느라 20년 가까이 세월이 흘렀다. 그런 노력을 기울이던 중 약 10년 전에 애들러의 책을 좀 더 자세히 들추어 볼 기회가 있었는데, 그때 발견한 것이 바로 '분석적 읽기'에 관한 설명이었다. 비록 애들러가 나보다 훨씬 오래전부터 이런 유형의 읽기를 강조했고, 설명도 나보다 훨씬 더 체계적이라는 점은 확실하지만, 그럼에도 책 읽기 방법에서는 대동소이하다는 사실이 나를 놀라게 했고, 또 자신감을 갖게 만들어 주었다. 그리하여 기꺼이 분석적 읽기의 전도사가 되었다.

나는 이 방법이 모든 종류의 책 읽기에 필요하다거나 적합하다고 말하는 것은 아니며, 또 전문 서적이라 할지라도 꼭 내가 주장하는 방식으로 분석해야 한다는 것도 아니다. 그러나 어쨌든 사상과 개념을 집약적으로 설명하는 책일수록 저자의 주장을 명료히 파악하지 않으면 읽으나 마나 한 것이 된다는 사실과, 내용을 명료히 파악하려면 어떤 식으로든 텍스트를 분석하는 작업이 요구된다는 사실만큼은 강조하지 않을 수 없다.

분석적 읽기는 적은 분량이라도 장시간 투자하지 않고는 이루어지기 힘들고, 또 정리하는 시간 내내 엄청난 집중력과 지적 에너지가 필요하므로 대다수 그리스도인은 시도조차 하지 않는 경우가 많다. 그러나 그러한 고통과 지루함 끝에 얻는 대가는 참으로 귀한 것이다! 나는 이런 방법을 채택하여 역서로는《신앙의 눈으로 본 사회학》,《신앙의 눈으로 본 생물학》,《루이스와 쉐퍼의 대화》,《과학 철학》(이상 한국IVP),《예정과 자유 의지》(부흥과개혁사)를, 영어 도서로는《기독교 세계관의 철학적 기초*Philosophical Foundations for a Christian Worldview*》(IVP),《변증학의 다섯 가지 관점*Five Views on Apologetics*》(Zondervan),《영혼을 찾아서: 심신 문제에 관한 네 가지 견해*In Search of the Soul: Four Views of the Mind-Body Problem*》(IVP-USA),《몸, 혼 및 영원한 생명: 성경적 인간론과 일원론-이원론 논쟁*Body, Soul, & Life Everlasting: Biblical Anthropology and the Monism-Dualism Debate*》(Eerdmans)을 읽었다. 비록 읽어 내는 동안의 고뇌는 엄청났으나 그 후에 거둔 유익은 그 고뇌를 능가하고도 남는 것이었다.

'주'를 소중히

내가 책 읽기에서 또 한 가지 중요시하는 것은 책의 본문 외에 해설이나 설명을 위해 제공되는 주註이다. (따라서 주가 따로 없어도 저자의 주장이나 설명을 충분히 전달할 수 있는 유형의 책은 현재의 논의에서 제외된다.) 대다수 독자는 주를 중요시하지 않고, 심지어 이런 경향은 전문가들에게서도 발견되는 실정이다. 그러나 이것은 별로 반길 만한 경향이 아니다.

주를 찬밥 신세로 만들지 말아야 하는 데는 적어도 두 가지 이유가 있다. 첫째, 현재 다루는 주제나 사안에 연관된 자료를 풍부히 소개받을 수 있다. 대다수 신앙 학습서나 신학 전문서적은 주를 통해 비슷한 유의 서적이나 자료를 광범위하게 인용한다. 이러한 정보는 주가 아니면 입수가 용이하지 않다. 둘째, 주는 본문에서 미처 다룰 수 없는 내용을 기술하기 때문에 저자의 논점을 파악하는 데 보조적이고 또 보완적인 단서로 작용한다. 즉 주를 등한시하면 그만큼 책의 내용을 이해하는 일도 등한시하는 셈이 된다.

글 쓰는 이는 왜 주를 활용할까? 이는 주가 수행하는 기능과 긴밀히 연관되어 있다. 주의 기능은 최소한 세 가지로 정리된다. **1. 전거 제시.** 이는 글의 내용을 개진하면서 채택한 인용문이나 참조문의 출처를 밝히기 위한 것이다. 어떤 경우에는 작성한 글의 사상적 근원을 명시함으로써 논지가 자신의 독창적 산물이 아니라는 점을 인정한다. 아울러 자신의 주장이 어떤 출발점과 어떤 경로를 거쳐 마련되었는지 투명하게 공개하는 친절한 안내판 노릇도 마다하지 않는다. **2. 부연 설명.** 글의 본문에 다 넣을 수 없는 설명을 주로 처리하는 경우가 이에 해당한다. 글을 쓰다 보면 어떤 논지, 사상, 용어, 주장과 관련하여 좀 더 자세한 해설이나 설명이 필요한데, 이것을 본문에 다 넣으면 글의 흐름이 끊어지거나 본문이 차지하는 지면이 턱없이 길어질 수 있다. 이 부담을 군말 않고 떠맡아 주는 것이 주이다. **3. 상호 연관.** 글을 쓰면서 어떤 주장을 펼칠 때 그에 관한 사항이 다른 곳(같은 글의 뒷부분일 수도 있고 아예 별도의 글일 수도 있음)과 연관될 경우, 주를 이용하여 그런 연관 내용을 표시하면 그릇된 인상이나 궁금증을 해소할 수 있다. 또 현재 자신이 다루는 주제와 관련해서 더 쉬운 (또는 더 전문적인) 내용의 글이 있다든지, 비록 저자 자신은 이 사안을 긍정적으로 다루지만 어떤 전문가들은 다른 시각으로 보기도 한다는 것을 공정하게 알릴 때도 주가 안성맞춤으로 채택되곤 한다.

그런데 주의 배치와 관련하여 세 가지 서로 다른 방식이 존재한다. 우선, 각주가 있다. 주를 다는 가장 전통적 방식인데, 본문에 표시된 번호의 주가 바로 그 페이지 하단에 나타난다. 아직도 학술서적에서는 이 방도를 선호한다. 미주라는 것도 있다. 이것은 주를 각 장chapter의 뒷부분에 배치하는 방식이다. 과거에 유행했으나 오늘날에는 거의 자취를 감추었다. 마지막으로, 종주의 형식을 취하기도 한다. 이 경우에는 주가 책의 맨 뒤에 한꺼번에 배열된다. 최근에는 전문학술서를 제외하고는 대체로 이 방식을 취한다.

나는 이처럼 주를 본문 못지않게 중요시하는 사람이다. 그래서 주를 필요로 하는 종류의 책을 읽을 때는 반드시 책갈피를 두 개 준비한다. 하나는 읽어 가는 본문의 페이지에 꽂고, 또 하나는 미주나 종주의 페이지에 꽂는다. (물론 각주 형식을 취한 전문서적일 때는 본문과 주가 같은 페이지에 있으므로 책갈피는 하나면 된다.) 그리하여 본문 내용을 읽을 때(첫째 책갈피가 꽂힌다) 주를 표시하는 숫자가 나타나면 즉시 둘째 책갈피가 꽂힌 미주나 종주의 페이지를 들추어 본다. 주의 내용을 읽고 나서는 다시금 첫째 책갈피가 꽂힌 페이지로 돌아가면 된다.

나는 이 장 첫머리에서 책 읽기에 무슨 비결이나 묘책이 있는 것은 아니라고 거듭해서 말했다. 그러나 수많은 책과 만나면서 바람직한 책 읽기를 하는 데 도움이 되는 힌트 몇 가지는 제공할 수 있다고 밝혔다. 그 힌트가 바로 '저자와 대화하며 읽으라', '분석적 읽기를 시도하라', '주를 놓치지 말라'였다. 그런데 과연 이 힌트가 실효성이 있는지는 실제로 책을 읽으면서 확증될 수 있다. 바로 이런 이유 때문에 나는 다소 강경하게라도 당신에게 책 읽기를 권하지 않을 수 없다.

책에 대한 소크라테스의 불만

분류의 미덕

책은 무리 짓기를 좋아하지만,
스스로 움직이지는 않는다.

　분류! 책을 사고 읽고 보관하면서 나는 일찌감치 이 ‘사고思考’ 훈련관과 운명을 같이하게 되었다. 그런데 책과 더불어 살림을 차릴 때만 해도 이런 훈련관이 대동한 줄 몰랐다. 시간이 흘러 책과 연관한 눈썰미가 제법 날카로워지자 비로소 나는 책이 자리 잡은 곳 어디에서나 그의 논리적 자태를 확인할 수 있었다.

　그래도 분류가 사고 훈련관이라는 데는 선뜻 동의하기 어려울지 모른다. 그것은 아마도 우리가 도서관이나 서재나 서점에 이미 정돈된 상태의 책들을 접하면서 분류라는 관념을 배웠기 때문일 것이다. 그러나 그 책이 서가에 꽂히기 전의 상태를 생각해 보라. 어떤 책이 분류되어 물리적 환경의 일부가 된 것은, 그 책이 서가에 자리를 잡기 전에 누군가가 이미 머릿속으로 해당 도서에 대한 분류 작업을 시행했기 때문이다! 어쩌면 그의 상상의 방에도 서가가 있어서 거기서 분류 행위를 끝내고 그저 외부 세계에 재현한 것인지도 모른다.

　이처럼 분류가 사고 훈련관이기는 해도 우리에게 획일적 사고를 요구하지는 않는다. 분류란 어떤 대상을 목적으로 하든 간에 단 한 가지 기준으로만 가능한 것이 아니기 때문이다. 책의 분류도 마찬가지이다. 따라서 나는 책의 분류와 관련하여 세 가지 방도를 소개하고자 한다. (방금 말했듯이 여러 방도가 더 있을 수 있지만, 편의상 세 가지로 국한한다.) 그러고 나서 분류 작업이 가져다주는 유익(과 비의도적 난점)을 내 나름대로 이야기해 보겠다.

책의 성격이나 목적으로

그리스도인들이 취하기에 크게 어렵지 않은 방도로서, 책의 성격이나 목적에 따라 분류하는 길이 있다. 이를 기준으로 할 때 대략 다섯 범주로 책은 분류된다. 다섯 가지 범주는 다음과 같다: 참고서, 문예서, 경건서, 학습서, 연구서. 이제 각 범주에 어떤 유형의 책들이 해당하는지 보자.

그런데 실상 다음 쪽의 분류 방식은 포괄적이지도 않고 어떤 범주끼리는 다소 중첩된다는 인상을 주기도 한다. 특히 문예서와 경건서 사이가 그렇고, 학습서와 연구서가 그렇다. 그러나 소장한 책이 그리 많지 않고(대략 1,000권 이하), 또 기독교 서적 위주라면 한 번쯤 채택해 볼 만한 분류 방식이다.

범주 항목	참고서	문예서	경건서	학습서	연구서
해당 도서	사전류, 주석, 성구 사전con-cordance, 어휘 사전lexicon 등 참조용 도서 포함	전기, 간증, 자서전, 설교집, 서간 모음, 수필, 소설류로서 대중성이 가장 높은 서적	소위 각종 경건 서적으로서 기독 신앙에 대한 안내와 해설을 담은 책	독자의 생각, 이해, 성찰, 반추 등을 요구하며, 일상적 주제라도 깊이 다루거나 아니면 아예 주제부터 흔하지 않을 수 있음	가장 전문적 서적이며, 논문이나 학술적 저작물 등이 이에 속하고, 대중성은 거의 없음
저술 목적	배경 지식 제공	종교적 감흥, 하나님의 역사, 신앙적 교훈, 인생의 경험 등을 전달	신앙 전반에 걸친 각종 주제를 다루어 피상적 신앙을 심화시키고 기독교와 관련한 의문점과 궁금점 등을 풀어 줌	기독 신앙의 여러 내용을 좀 더 교육적 목적에 근거해 효과적으로 학습시키기 위함	이론적 쟁점, 논지, 주장의 명확한 제시. 반론 내용, 반대 이유, 반대 이론에 대한 비판적 검토 등을 제공
읽기	필요시에만 참조	한자리에 앉아서 별 어려움 없이 긴 분량을 소화 가능	문예서만큼 쉽게 읽히기는 어렵지만 그래도 큰 정신적 노력이나 부담 없이 읽어 내려갈 수 있음	상당한 정도의 주의 집중이 요구됨. 앞부분의 명확한 이해 없이는 진도 나가기가 힘듦	한 단락 한 단락(심지어 한 줄 한 줄) 자세히 탐구하듯 읽어 내려가야만 상대의 논점을 정확히 이해할 수 있음. 상대 논점의 구조를 도식화하면 크게 도움이 됨

책의 주제나 분야로

이 분류법은 장서 규모가 꽤 크고(최소 3,000권 이상) 책의 주제나 분야 또한 다양한 경우에 적합하다. 책을 주제와 분야에 따라 나눈다고 해도 여러 방식이 존재할 수 있다.

예를 들어, 목회자나 평신도 지도자라면 다음과 같은 10가지 분야를 고려하는 것도 추천할 만하다. 1. 정치 · 외교 분야, 2. 경제 · 산업 분야, 3. 사회 · 다인종 이슈, 4. 통일 · 남북관계, 5. 전공 및 학문 분야, 6. 과학기술, 7. 문학 · 예술, 8. 직업과 직장 생활, 9. 대중매체 및 대중문화, 10. 성 문제와 결혼생활.

이때 그리스도인의 고민은 기독교 도서와 일반 도서를 취급하는 방식이다. 즉, 기독교 도서를 위에 분류한 열 가지 범주의 도서와 별도로 취급할 것이냐(그러면 총 11가지 범주로 분류된다), 아니면 기독교 도서를 따로 분류하지 않고 기존의 10가지 범주로 흩을 것이냐 하는 것이다. 이 경우 보유한 기독교 서적의 주제와 수효가 중요한 판정 기준이 된다. 만일 기독교 서적의 주제가 경건서 위주이고 장서 규모도 크지 않다면, 별도의 범주로 취급하는 것이 더 편리할 것이다. 그러나 기독교 서적의 수효가 많을 뿐만 아니라 그 주제도 매우 다양하다면, 기독교 서적과 일반 서적을 구별하지 않고 상기 범주에 맞게 일괄적으로 배속하는 것이 더 낫다고 여겨진다.

만일 책의 소장자가 다양한 학문 분야에 관심이 많고, 책의 주제 역시 여러 전공 분야를 망라한다면, 모티머 애들러가 제안한 여섯 범주로 분류하는 것도 고려해봄 직하다. 1. 실용 서적, 2. 문학 서적(소설·희곡·시), 3. 역사 서적, 4. 과학·수학 서적, 5. 철학 서적, 6. 사회과학 서적.

물론 이 경우에도 기독교 서적을 어떻게 처리하느냐는 문제일 수 있다. 그런데 이 방식은 전공이나 학문 분야별로 범주가 나누어져 있으므로 위의 여섯 가지 이외에 7. 종교 서적이라는 범주를 마련해 기독교 서적을 배속하면 좋을 것이다.

책의 소장자가 좀 더 공식적인 분류 방식을 원한다면 현재 도서관이 취하고 있는 분류 체계를 채택할 수도 있다. 한국의 도서관들은 듀이십진분류법이나 한국십진분류법에 따라 책을 분류하는데, 후자가 채택하는 열 가지 범주는 다음과 같다. 000 총류, 100 철학, 200 종교, 300 사회학, 400 자연과학, 500 기술과학, 600 예술, 700 언어, 800 문학, 900 역사.

자신의 필요나 관심사로

마지막으로 소개할 분류 방식은 앞의 두 가지에 비해 분류 체계가 좀 덜 정형화되고 일부 책에 대한 분류 기준이 좀 더 주관적이다. 물론 그렇다고 하여 이 분류 방식이 앞의 방식들을 완전히 무시하거나 이들과 아무 상관 없이 이루어진다는 뜻은 아니다.

오히려 이 방식은 어떤 공식화된 분류 체계를 너무 많이 의식하지 않고 자신의 필요와 관심사에 따라 융통성과 순발력을 발휘하는 방안이다. 자신의 필요란 소장자에게 부과된 연구 프로젝트 수행이거나, 시리즈 형태로 전달하는 설교 준비일 수도 있다. 이런 필요와 연관된 책들을 하나의 분류 범주로 삼는 것이 왜 문제겠는가?

관심사도 비슷하다. 남들이야 어떻든, '조상숭배'나 '제사'가 자신의 흥미를 자극한다면, 그 또한 분류 기준이 될 수 있다. 마찬가지로 어떤 이의 호기심과 시선을 끄는 주제가 '악의 문제'든 '영혼과 공간 사이의 관계'든 '비종교인이면서도 진화론을 반대하는 학자들'이든, 그런 관심사는 별도의 범주를 구성하도록 자극하는 요인일 수 있다.

나는 셋째 방식을 선호하거나 채택하는 이들도 꽤 있으

리라고 생각한다. 우선 나 자신이 그렇다. 나의 책들은 상당수가 둘째 방식에 따라 분류되어 있지만, 나머지 책들은 분류 기준이 둘째 방식과는 현격히 차이가 난다. 솔직히 말해서 나에게는 분류 범주가 너무 많아서 전부 몇 개나 되는지 잘 모른다. (머릿속으로는 어떤 범주의 책이 어떤 서가 어떤 위치에 꽂혀 있다는 것을 환히 알고 있지만, 아직껏 범주의 전체 가짓수는 헤아려 보지 못했다.) 또 어떤 범주는 예를 들어, 성경학, 일반 신학, 사회·정치, 심리학·심리요법·상담은 너무 범위가 넓고, 또 어떤 범주는 예를 들어, 기독교와 최면술, 진화 인식론, 분석 철학과 대륙 철학 사이의 관계 같은 것들은 너무 좁아서 관련 서적이 불과 서너 종에 국한되기도 한다.

나는 또 참고서 범주의 하위 범주로 각종 사전을 한 곳에 배열해 놓았다. 그중 《어거스틴 백과사전》, 《경험론 백과사전》, 《감리교 사전》, 《전천년 신학사전》 등이 특이하다. 또 몇몇 인물은 그들만의 저작물을 따로 모아 별도의 범주를 구성하기도 했는데, C. S. 루이스, 자크 엘륄, 레슬리 뉴비긴, 앨빈 플랜팅가, 윌리엄 올스턴이 여기에 속한다. (그래도 가장 도드라진 것은 C. S. 루이스이다.) 한 때는 한국IVP의 출간물을 따로 배열했는데, 지금은 주제별로 흩고 있는 중이다.

약 15년 전부터 나는 '카운터포인트Counterpoint' 시리즈에 빠져들어, 그에 속한 책들을 별도의 범주로 분류하고 있다. 카운터포인트 시리즈에서는 어떤 한 주제나 이슈에 대해 다양한 입장의 주창자들이 포진해 있다가, 어느 한 사람이 자신의 견해를 밝히면 나머지 사람들이 논평을 가하는 식으로 논의가 진행된다.

예를 들어 《과학과 기독교: 네 가지 견해》를 보면, 각각 1. 창조론creationism, 2. 상호독립independence, 3. 제한적 동의 qualified agreement, 4. 동반관계partnership를 주창하는 네 인물이 등장한다. 먼저 '창조론'을 옹호하는 학자가 자신의 견해를 발표하면 나머지 세 명이 논평을 가한다. 그러고 나서 나머지 세 전문가도 한 사람씩 자신의 견해를 발표하면 나머지 사람들이 그에 대해 비평을 시도한다.

또 다른 예로 《상담과 기독교: 다섯 가지 견해》가 있는 데, 이 다섯 가지는 1. 설명 차원적 접근, 2. 통합적 접근, 3. 기독교 심리학적 접근, 4. 변혁적 접근, 5. 성경적 상담 접근이다. 이 경우에도 첫째 접근법의 주창자가 자신의 견해를 밝히면, 나머지 네 명의 전문가가 이에 대해 논평을 해 준다. 다른 네 접근들 역시 상기한 설명과 똑같은 순서대로 논의를 진행한다.

현재 100종 넘게 책이 나왔는데, 그 가운데에는 앞에서 소개한 두 가지 주제 외에도 '청년 사역' '유아 교육' '동방 정교' '기독교와 철학 사이의 관계' '히브리서의 경고 구절들' 등이 포함되어 있다.

이렇듯 나의 필요나 관심사를 잘 채워 주는 분류법이 있는데, 왜 이런 분류 방도를 마다하겠는가? 나는 책과의 연륜이 쌓일수록 셋째 분류 방도에 마음이 끌린다.

분류의 유익과 난점

분류 작업이 제공하는 유익은 대체로 세 가지이다. 첫째, 분류는 책의 위치를 신속하고 정확히 찾는 데 필수 불가결한 요소이다. 이것은 너무나 당연하고 이해하기 쉬워서 더 이상의 부연 설명이 필요 없다.

둘째, 책의 분류 작업은 우리의 지식이 정교해지고 심화되도록 돕는다. 분류는 앞서 적었듯이 근본적으로 사고 훈련, 그것도 지식에 기반한 사고 훈련이다. 어떤 범주를 설정하려면 한 분야가 나머지 다른 분야와 차별화되는 근거를 파악해야 한다. 이것은 그 연관 분야에 대한 지식이 필요하다는 말이다.

예를 들어, 신학 도서를 신앙 전통에 따라 세부적으로 분류한다고 하자. 대표적 신앙 전통으로서 동방정교, 로마 가톨릭, 개신교를 거론해야 하고, 다시 개신교의 하위 범주를 설정할 때 신학적 성격(복음주의, 신정통주의, 자유주의 등)을 따를지 교단적 배경(성공회, 루터파, 개혁파/장로교, 재세례파 등)을 고려할지 결정해야 한다. 그런데 분류에 필요한 이런 모든 범주(및 하위 범주)의 설정은 분류자가 신학 지식을 어느 정도 보유했을 때만 가능하다.

방금 신학 분야의 예를 들었지만, 이것은 다른 분야에서도 마찬가지이다. 철학 분야의 하부 범주로서 '현대 서양 철학사'를 독립적으로 분류하고자 할 때, 영미 계통의 경험론과 대륙 계통의 합리론이 대비되고 각 입장에 어떤 철학자들이 속해 있는지 아는 일은 그런 분류를 제대로 하기 위한 필수 조건이다. 젊은이의 성을 좀 더 체계적으로 정리할 경우, 그 하위 범주로서 '연애' '스킨십' '자위행위' '혼전 성관계' '동거' 등이 존재한다는 것을 파악하지 않으면 안 된다. 그러므로 어떤 분야에서건 분류 작업을 제대로 시행하려면 연관 분야의 지식을 정련하고 심화하지 않을 수 없다.

셋째, 분류 작업은 책뿐만 아니라 사고 행위 자체의 활성화에도 긍정적으로 기여한다. 책에 관한 분류 작업을 일상화하면, 거기서 습득한 사고 훈련으로 책을 매개로 하지 않은 관념들까지도 능숙하게 다루게 된다. 예를 들어 우리는 책 밖에서도 개념·사상·주제·이슈들을 맞닥뜨리는데, 이때 평소의 분류 작업으로 자기 나름의 사고 훈련이 되어 있다면 이를 기반으로 자기에게 닥치는 관념들을 분석·파악·비교·평가하는 일이 가능해진다. 이것은 분명코 책 분류 작업이 가져다주는 보너스라고 할 수 있다.

분류의 유익이 이토록 다대하지만 이것도 인간이 하는 일인지라 어쩔 수 없는 곤궁의 상황을 만나곤 한다. 가장 흔한 것은 한 도서가 양쪽의 범주에 걸릴 때 어느 쪽으로 분류하느냐의 문제이다. 예를 들어, 나는 '유대교'와 '신정론theodicy'을 각각 별도의 범주로 나누고 있다. 그런데 '유대교 학자들의 신정론'이라는 주제의 책을 만나면, 과연 어느 쪽으로 분류해야 할지 난감하기 짝이 없다. 최근 영화화된 《침묵》의 경우 '문학(소설)'으로도, '일본 기독교'로도, '핍박'으로도 분류할 수 있으므로 더욱 당혹스럽다.

또 하나는 단행본이 아닌 문서 자료들(정기간행물, 특정 목적의 기획물 시리즈, 소책자 등)의 취급 문제이다. 이것들도 주제별로 나누어 단행본과 통합할 것이냐 아니면 별도의 범주로 분류할 것이냐 하는 것이다. 단행본 이외의 자료들도 주제별로 분류하면 그 범주에 할애해야 할 서가 공간이 끊임없이 늘어나기 때문에 더 넓은 공간 확보와 잦은 서가 이동이 골칫거리로 대두된다. 그렇다고 이 자료들을 단행본과 분리해 배치하면, 동일 주제의 자료들을 통합할 수 없다는 약점이 발생한다. 어느 쪽을 택하든지 난점이 발생한다.

그러나 이런 문제점 때문에 책 분류의 본질적 필요성을 둔화시키든지 그것이 주는 유익을 외면할 수는 없는 노릇이다. 오히려 이런 난점에도 불구하고 책의 분류와 분류 작업은 계속 강조되고 지속적으로 시행되어야 한다. 사고 훈련관으로서의 분류는 그만하면 꽤 쓸모 있는 조력자라고 할 수 있지 않겠는가!

누구나 걷는 나만의 길

자기만의 방식으로 책을 분류하려는 사람이 여기 또 있다. 《서재 결혼 시키기》(지호)는 문예 비평가 앤 피디먼이 책과 관련해 쓴 에세이 열여덟 편을 하나의 수상집으로 엮은 것이다.

패디먼은 주로 책과 글 이야기를 하는데, 실상 그것은 처음부터 끝까지 자신의 삶, 특히 부모와 남편, 자녀와 함께하는 삶에 관한 이야기이기도 하다. 동시에 그 모든 이야기를 통해서 자신이 어떤 됨됨이의 인물인지를 알게 모르게 드러내고 있다.

그녀는 결혼한 지 5년 만에야 남편 책과 자기 책을 뒤섞기(결혼 시키기)로 한다. 책을 좋아하고 글을 쓰는 일은 이미 그녀의 부모 때부터, 아니 심지어 조부모나 증조부모 때부터 내려온 가문의 전통이다. 네 식구가 팀이 되어 장학 퀴즈 쇼의 정답을 댄다든지, 아버지가 언급하는 시나 소설의 내용을 듣고 작품 출처를 맞춘다든지, 식당 메뉴나 각종 인쇄물에서 오자를 찾아 수정한다든지 하는 일은 그녀가 아주 어릴 적부터 신명 나게 즐기던 것이었다!

나는 저자가 내 안에 일으키는 기묘한 공감대 때문에 책을 읽는 내내 전율을 느꼈는가 하면, 고도의 유머 감각과 탁월한 묘사 실력으로 인해 혀를 내두르기도 했고, 배를 쥐고 웃는 바람에 아내가 무슨 일인가 하여 달려오기도 할 정도였다! 나중에 꼼꼼히 따져 보니 에세이 열여덟 편 중에서 여덟 개는 나도 비슷하게 경험하거나 한마디 꼭 하고 싶은 주제였다. 그러면서 나는 크게 안심하고 위로도 받았다. 책과 관련한 나의 기습이나 결벽증 같은 것이 내게서만 발견되는 것이 아니었기 때문이다.

첫째, 자기 나름의 책 분류법을 고집스럽게 밀어붙인다(제1장). 둘째, 희한한 단어나 어휘에 대한 호기심이 강렬하다(제2장). 셋째, 마니아처럼 어떤 특정 주제나 내용의 책에 정신없이 빨려든다(제3장). 넷째, 책의 최초 상태를 가능하면 온전하게 보존하려고 애쓰는 애서가들이 있다(제5장). 다섯째, 철자법의 오기나 실수를 그냥 지나치지 못하고 교정해 준다(제10장). 여섯째, 글을 쓸 때 특정한 필기도구나 필경 수단에 집착한다(제11장). 일곱째, 책을 보관하는 일과 관련하여 효율적인 공간 활용 문제를 고민한다(제17장). 여덟째, 중고 서점에서 귀한 가치를 지닌 헌 책을 발견할 때 큰 기쁨을 느낀다(제18장). 이상은 내게 큰 위로가 되었던 여덟 가지 책 '버릇'이다. 혹시 당신에게도 비슷한 버릇이 있다면 염려하지 않기를 바란다.

장서가

장서의 수가 아니라, 같은 책을 또 샀을 때 비로소 장서가가 된다.

혹은 그냥 건망증이 심한 사람이거나.

균형의 추

때로는

작은 책들로 중심이 잡힌다.

나는 개인적으로 누군가의 신앙 성숙 정도를 가늠해야 하거나 성숙에 관한 기독교적 이론에 대해 질문을 받으면, 마음속에 삼각형 하나를 떠올린다. 삼각형의 세 변에는 각각 '관계'라는 말이 적혀 있다. 적당한 거리와 초점을 맞추어 찰칵 하고 찍은 뒤 출력해 보면 이런 그림이 나타난다.

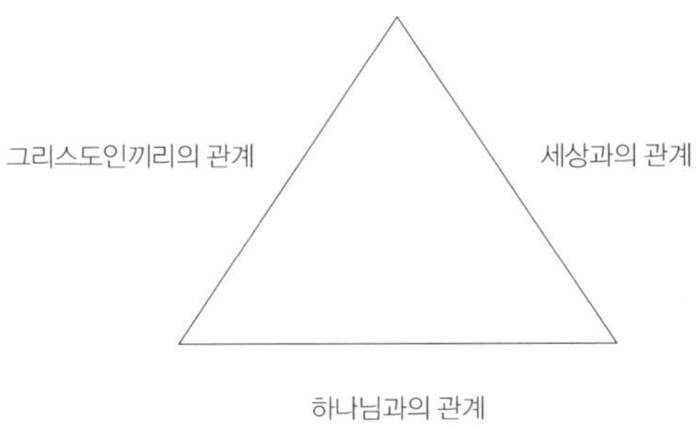

그리스도인이 성숙해 간다는 것은 이 세 가지 관계에서 자란다는 뜻이다. 셋 중 어느 하나라도 소홀히 취급하거나 다른 관계에 반해 비정상적으로 발달(혹은 퇴행)하면, 바람직한 그리스도인의 모습을 기대하기 어렵다.

나는 나 자신부터 세 가지 관계를 골고루 성장시키고 있는지 점검해 보곤 한다. 또 내 설교가 전체적으로 볼 때 (설교 한 편이 세 가지 관계를 모두 담아내지는 못해도, 한 해 설교 전체를 일별했을 때) 세 가지 관계를 균형 있게 전했는지 스스로 질문을 던진다. 그뿐만 아니라 내가 전달하거나 발표한 강의안과 논문의 주제가 세 가지 관계 중 어느 하나에 편향돼 있지 않은지 때때로 되돌아본다.

동시에 나는 비슷한 잣대를 가지고 동역자나 후배나 상담 요청자에게 도전하기도 한다. "당신은 교우들을 위한 교육 프로그램에서 이 세 가지 관계를 잘 반영해 커리큘럼을 편성했습니까?" "아, 교회 도서관을 구상 중이라고요? 이왕이면 한편으로 치우치기보다 세 가지 관계 모두를 염두에 두고 그에 해당하는 책들을 구입하면 어떨까요?" "그리스도인끼리의 관계나 세상과의 관계에 소홀한 것을 발견했다고요? 그러면 올해 하반기에는 요한일서를, 내년에는 아모스서를 강해하면 좀 개선이 되지 않을까요?"

그런데 내가 이렇게 세 가지 관계의 전도사가 된 데는 책과의 만남이 중요한 계기로 작용했다.

하나님과의 관계

　다소 아이러니하지만, 나의 신앙은 1974년 3월 IVF 간사 생활을 시작한 후부터 활성화되기 시작했다. 하나님과의 관계 확립도 마찬가지였다. 막상 간사 생활을 시작했어도 신앙 연조도 짧고 사역 경험도 거의 전무한 터라 힘든 시간을 보내고 있었다. 1974년 가을쯤인가 IVF의 한 형제로부터 영어 소책자 복사물을 하나 소개받았다. 그는 다른 선교 단체의 열심 회원인 자매와 사귀고 있었던 터라 신앙 성장에 관한 정보나 자료가 그득했다.

　그 책자는 미국 IVF가 1945년부터 간행해 온 《성경 묵상 Quiet Time》이었는데, 중국 선교사 프랭크 호튼Frank Houghton(1894-1972)이 다른 여섯 명과 더불어 쓴 큐티 안내서였다. 이 책자를 통해서 큐티의 취지와 구체적 방법에 대해서도 비교적 소상히 알게 되었지만, 내가 특히 영향을 받은 것은 두 가지였다. 그중 하나는 그리스도의 찢기신 몸과 보혈을 통해 하나님께로 마음껏 나아간다는 히브리서 10:19-22의 해설 내용이었다. 그 후 나는 기도하려고 눈을 감을 때마다 내 앞에 새롭고 산 길이 활짝 열린 것을 '볼' 수 있었다.

더욱 영향이 컸던 또 한 가지 사항은 "그리스도를 향한 개인적 열정"이라는 글이 던진 충격이었다. 오직 하나님(또는 그리스도)을 뵙고자 했던 이들(모세, 다윗, 바울, 막달라 마리아)의 깊은 열정은 나의 전 존재를 뒤흔들어 놓기에 충분했다. 나의 목마른 심령은 주님과 함께하고 주님을 뵙기 전에는 결코 만족할 수 없다!! 예루살렘에 있어도 왕의 얼굴을 보지 못한다면 무슨 소용이 있겠는가? 이 책자를 읽은 후의 나는 결코 과거의 '나'로 남아 있을 수가 없었다.

또 한 가지 소책자가 하나님의 사랑이 어떤 것인지를 이해하는 데 큰 기폭제 노릇을 했다. 원래 영어 제목은 *3 Kinds of Love*로서 1968년도부터 많이 알려진 미국 IVP의 소책자였다(이 소책자는 1977년 5월 한국IVP에서 《참 사랑은 그 어디에》로 발간되었다). 저자인 마쓰미 토요토미Masumi Toyotome는 어렸을 적 미국에 이민 간 일본계 그리스도인 교수요 지도자였다. 그는 하나님의 사랑을 '불구하고' 사랑'in spite of' kind of love이라고 묘사했는데, 이는 하나님의 사랑이 세상 사람들의 흔한 사랑인 '~해 주면' 사랑'if' kind of love과 '~니까' 사랑'because' kind of love과 철저히 대조된다는 사실을 강조하기 위해서였다.

나는 아마도 1976년 후반쯤에 이 영어 소책자를 만난 것 같다. 그러다가 "그분은 우리를 있는 그대로 사랑하십니다. 그분은 우리가 더 악해진다고 할지라도 변함없이 우리를 사랑하실 것입니다. 만일 우리가 날마다 더 타락하고 반항한다고 할지라도 변함없이 완전한 사랑으로써 우리를 사랑하실 것입니다"라는 내용을 접하고는, 가슴이 미어지고 눈에서 눈물이 쏟아져 나왔다. 그때 나는 강서구 신월동 쪽에 살았는데, 서대문으로 나가는 버스를 타자마자 생긴 일이라서 가는 내내 눈물을 막을 수가 없었다. 하나님의 무조건적 사랑에 관한 내용은 주로 중후한 신학 도서들을 통해서 배웠지만(여기에 대해서는 바로 뒤에서 설명할 것이다), 별로 알려지지도 않고 대작도 아닌 이런 소책자가 던지는 감동과 감격도 빼놓을 수 없는 은혜의 수단이었다!

물론 하나님과의 관계 수립에 가장 지속적이고 뿌리 깊은 영향력을 끼친 책은 제임스 패커의 《하나님을 아는 지식》이었다. 이 책은 1973년에 미국 IVP(영국에서는 Hodder and Stoughton)에서 출간되었고, 내 경우에는 1976년 1월에 구입한 것으로 되어 있다. 사실 이 책의 유명세는 대단하지만, 나는 이 책이 한국의 그리스도인들에게는 서방 세계의 그리스도인들만큼 큰 유익을 끼쳤다고는 생각하지 않는다. 그 이유는 한국의 그리스도인들은 기독교의 본질을 하나님과의 인격적 관계가 아닌 다른 방면에서 찾는 경향이 보편적이고, 또 경건에서 지성적 측면을 배제하는 것에 너무나 익숙하기 때문이다. 나도 사실 처음부터 이 책의 내용을 다 읽고 소화해서 끌린 것은 아니었다. 그저 첫 부분에 나오는 표현(하나님에 대해 아는 것knowing about God은 하나님을 아는 것knowing God과 다르다)이 너무 인상적이어서 이 책을 주목하게 되었다. 그러고 나서도 필요한 내용을 여기저기 부분적으로 읽는 것에 그쳤다.

그러다가 책을 온전히 다 읽은 것은 훨씬 후의 일로 기억한다. 그렇게 처음부터 끝까지 이어서 읽은 것은 지금까지 세 번 정도일 것이다. 그런데 이렇게 책의 내용을 제대로 파악하며 읽고, 중요한 부분을 자세히 곱씹으며 읽고, 전체 흐름을 염두에 둔 채 읽다 보니까 하나님을 아는 깊이가 훨씬 더해진다는 느낌을 받았다. 경건과 신학의 통합에 이보다 더 나은 책이 있겠는가 싶을 정도이다.

그리스도인끼리의 관계

나의 경우 하나님과의 관계가 깊어지고 하나님의 부르

심에 대한 자각이 첨예해지자, 무엇보다도 사역에 임하는 자세에 뚜렷한 변화가 찾아왔다. 그러나 호사다마 격으로 마음을 불편하게 만드는 사안도 대두하였다. 그것은 내가 동료 그리스도인들을 사랑하고 있지 않다는 깨달음이었다. 아니, 그들을 사랑하기는커녕 평소 그들을 내 마음속에 두지도 않았다. 어쩌면 그들은 나의 사역을 돕는 수단적 존재나 나의 꿈(야망)을 이루는 데 필요한 방편에 지나지 않았는지 모른다.

이런 일깨움이 생겨나자 동료들을 대하는 것이 부자연스러워졌고 부담으로 다가왔다. 더욱 힘든 것은 성경에서 '형제 사랑'이나 '이웃 사랑'의 가르침을 만날 때였다. 분명 그런 주제나 사안에 관심이 없고 그 방면으로는 노력도 하지 않는데, 어떻게 그런 내용을 묵상하고 성찰하고 심지어 가르친단 말인가?!

나의 상태와 성경 가르침 사이의 격차를 인식하며 자기 모순이 거의 극에 달할 즈음, 하나님은 다시금 생각하지 못한, 그러나 글을 사용하셨다는 점에서는 동일한 방법으로 역사하셨다. 1978년 여름에 미국 IVF 학생 하나가 단기 선교 경험을 위해 3개월간 한국을 방문했는데, 그때 그가 가지고 온 글의 내용이 나뿐 아니라 다른 사역자들에게도 큰 충격을 준 것이다. 그 글은 당시 짐 월리스가 편집자로 있던 〈소저너스 *Sojourners*〉라는 기독교 잡지의 기사(1978년 2월)로서, 1960년대 아프리카 우간다의 부흥을 목도한 케파 셈팡기Kefa Sempangi의 글 "빛 가운데 행함Walking in the Light"이었다(이 글은 1980년 한국 IVP에서 《형제를 위하여 깨어지는 삶》이라는 소책자로 발간되었다).

나를 '깨뜨린' 것은 다음 내용이었다. "내가 청년 시절에 들었던 선교 명령의 강조점은 '가라'는 데 있었고, 사랑을 별로 강조하지 않았다. 가장 중요한 것은 사역이지 형제들이 아니었던 것이다. 그 결과, 나는 내 설교의 대상인 사람들을 사랑하기보다 내 설교를 더 사랑하게 되었다. 사명을 수행하려는 열심과 열정 때문에 나는 가장 먼저 주어진 계명을 깨닫지 못했다. 바로 형제자매들을 사랑해야 했던 것이다."

나는 이런 내용을 읽고서 곧 여동생을 찾아가 나의 잘못을 이야기하고 용서를 구했다. 또 내가 어려움을 끼쳤다고 생각하는 동료들에게도 비슷한 조처를 했다. 쉬운 과정은 아니었지만, 정말 의미 있고 순수한 기쁨을 맛보는 경험이었다. 그것은 내가 참으로 그리스도의 복음을 믿고 있는지, 그 진정성을 입증하는 기회였기 때문이다.

그러나 하나님은 공동체 내의 인간관계와 관련하여 한 가지를 더 가르치기 원하셨다. 그것은 그리스도인 간의 개인 관계이면서 동시에 공동체 내에서 조직적·행정적 맥락에서 불거지는 인간관계의 문제였다. 예를 들어, 사역하면서 기질 차이로 불화가 빚어진다거나, 리더십 스타일이 달라서 갈등과 마찰을 겪는다거나, 신앙의 '색깔'이 달라서 사사건건 부딪치는 것들이다. 그리하여 개인적으로는 죽이 맞고 기꺼운 관계인데도, 사역에 투입되어 활동하다 보면 관계가 꼬이거나 망가지는 경우가 종종 발생한다.

실은 나도 1981년 하반기쯤 비슷한 어려움에 빠졌다. 후배 사역자가 여러 가지 사역 정책에 시비를 걸고 나의 방침을 노골적으로 비난했다. 이런 일이 몇 개월 동안 지속되자 나는 견디지 못하고 부득이 '회피' 모드를 취하였고, 결국은 미국 유학행을 결심했다. 미국행 수속을 하면서 나는 시간이 나는 대로 간간이 《교회 갈등의 해소*Resolving Church Conflicts*》(Harper & Row, 1981)라는 책을 읽었다. 사실 저자인 루이스*G. Douglass Lewis*나 그 책에 대해서는 전혀 아는 바가 없었고, 그저 컨콜디아 서점의 원서 판매대에서 우연히 고른 책이었다.

그런데 1부 이론편을 읽자마자 너무나 큰 위로를 받았

다. 거기에는 '갈등의 성격', '믿음의 관점에서 본 갈등', '갈등 관리의 원리', '갈등 관리의 스타일(유형)'이 기술되어 있었다. 글의 논조인즉, 인간이라면 누구나 살아가면서 서로 갈등을 느끼게 되어 있으므로 그 성격을 잘 파악하여 합리적이고 능동적으로 대처하는 법을 배워야 한다는 것이었다.

원 세상에…. 갈등 때문에 죄의식을 느낄 필요도 없고 감출 필요도 없으며 그냥 자연스럽게 노출하면서 건설적으로 다루는 데만 신경을 쓰라고? 그날 나는 서류 수속 때문에 과천에 있는 신정부 청사를 방문 중이었는데, 마침 하늘도 시커멓고 날씨 또한 너무나 음울한 분위기를 풍기고 있었다. 그런데 이런 내용을 곱씹느라 그 모든 주위 환경이 눈에 들어오지 않았다. 오히려 그 시커먼 하늘이 파랗고 청명하게 느껴질 만큼, 상상하기 힘든 해방감이 나를 압도했다.

이 책은 갈등에 관한 나의 시각에 큰 변화를 일으켰다. 이 책을 시작으로 나는 갈등에 대한 기독교 안팎의 책들을 구입하기 시작했고, 지금은 한 칸 전체가 이 주제의 책들로 채워져 있다.

세상과의 관계

그리스도인의 성숙이 하나님과의 관계에서 출발하고 그리스도인 간의 관계에서 무르익지만, 그것만으로는 충분하지 않다. 또 하나 빠질 수 없는 영역이 세상과의 관계이다.

그런데 1970년대는 이 관계에서 성숙을 꾀하는 데 어려움이 많았다. 당시 교회는 이원론적 신앙의 모판이어서, 영적인 것 외에는 큰 관심을 두지 않았다. 아직 민주화 물결이 뒤덮기 전이고 군부 독재 체제가 득세하던 시절이라 사회·정치 상황은 매우 압제적이고 답답하기만 했다. 보수 교회는 이런 상황에 대해 선지자적 음성을 내지 못한 채 교회 성장에만 피치를 올리고 있었다. 반대로 에큐메니컬 입장의 개신교와 천주교회는 급진적 형태의 사회참여만이 유일한 대안인 것처럼 기치를 높이 든 상태였다. 이런 상황에서 어느 쪽으로든 반응하기가 힘든 것이 보수적 신앙을 가진 젊은이들이었다.

대략 그 시기에 나는 트리튼A. N. Triton이라는 사람이 쓴 《누구의 세상인가? *Whose World?*》(영국IVP, 1970)를 만났다(한국에서는 1986년에 한국IVP에서 《세상 속의 그리스도인》이라는 제목으로 출간되었다). 사실 트리튼은 다년간 영국 IVF 총무를 지낸

올리버 바클리Oliver R. Barclay(1919-2013)의 필명이었다. 그는 이 책에서 그리스도인의 사회관에 대해 개인적 견해를 밝혔는데, 자신이 IVF 총무인지라 혹시 문제가 생길 수도 있어 필명을 사용한 것이었다.

내가 이 책자를 통해 도움을 받은 것은 크게 두 가지이다. 우선, 그리스도인의 세상관에 대해 바르고 균형 잡힌 견해를 배울 수 있었다. 세상에 있어도 세상에 속하지 않는다는 말이 무슨 의미인지, 세상을 사랑한다는 것이 무엇인지, 소위 영적이지 않은 영역을 어떻게 보아야 하는지가 처음으로 명확히 정리되었다. 또한, 그리스도인은 영적 사안이나 신앙 공동체를 넘어서서 세상의 여러 분야에 관심을 가져야 한다는 점이었다. 저자는 이 책을 통해 정치, 도덕, 문화, 교육, 과학 기술, 결혼과 돈 등의 사안에 대해서도 매우 실제적이고 통찰력 있는 해설을 제공했다. 당시 내게 꼭 필요한 내용이 이 책 한 권에 집약되어 있었다고 할 수 있다.

그런 까닭에 나는 '기독교 세계관'이 유행하기 전부터 이미 기독교 세계관을 접한 셈이었다. 지금도 사람들이 어떻게 해서 기독교 세계관에 관심을 두게 되었냐고 물으면, 나는 기탄없이 이 책을 이야기한다. 왜냐하면 이 책의 내용이 바로 기독교 세계관에 대한 해설이라고 할 수 있기 때문이다.

물론 기독교 세계관을 본격적으로 나에게 확립시킨 책은 따로 있다. 그것은 알버트 월터스Albert M. Wolters가 쓴 《되찾은 창조Creation Regained》(Eerdmans, 1985)이다(이 책은 한국 IVP에서 1992년에 《창조, 타락, 구속》이라는 제목으로 출간됐다). 내가 하고많은 기독교 세계관 도서 가운데 월터스의 이 책에 매료된 것은 두 가지 이유 때문이다. 첫째, 이 책은 기독교 세계관의 핵심이 '구조'와 '방향'에 있음을 명료하게 밝혀준다. 사실 한국어 제목인 "창조 · 타락 · 구속"도 중요하지만, 이보다 더 중요한 점은 이 세 가지 주지主旨가 어떻게 연관되느냐 하는 것이다. 둘째, 이 책은 주안점인 '구조'와 '방향'에 천착할 뿐 아니라, 이것에 기초하여 그리스도인들이 만나는 여러 가지 사안을 다루도록 안내한다. 예를 들어, '혁명', '공격성', '영적 은사들', '성', '춤' 등의 주제를 구조-방향 도식에 근거해 분석하고 있다.

안타까운 점은 이 책의 주안점이 세계관에 관심 있는 한국 그리스도인들 사이에서 마땅히 일으켜야 할 반향과 공감을 얻지 못했다는 데 있다. 사실 '구조'와 '방향'이라는 개념(특히 '구조')을 제대로 이해하기가 쉽지 않았을 터인데,

그런 형편에서 이 분석의 틀을 당면한 이슈에까지 적용한다는 것은 더더욱 기대하기 힘든 일이었는지 모른다. 물론 월터스의 구조-방향 분석에 아무런 의문도 제기할 수 없다거나 그의 방법만이 유일한 기독교적 대안이라는 것은 아니다. 단지 그가 여느 세계관 주창자들이 설명하는 것과는 다른 내용을 펼치고 있으므로 반드시 살펴볼 필요가 있다는 말이다. 약 10년 전에 한 일본인 구약학 교수를 만났는데, 그는 월터스의 책을 읽으며 제2의 회심을 경험했노라고 극찬했다. 이리하여 나는 성숙의 세 번째 영역인 세상과의 관계에도 발을 들여놓았고, 지금까지 이 방면에서 나 자신을 채찍질하고 있다.

아마 큰 변동이 없는 한, 나는 신앙 성숙을 논하며 세 가지 관계의 전도사 자리를 떠나지 않을 것 같다. 그러면서 나는 삼각형 하나를 떠올릴 것이고, 세 변 밑에 숨어서 내게 각 관계의 중요성을 가르쳐 준 몇 가지 책자들 또한 부지런히 기억의 창고에서 끄집어낼 것이다.

마르틴 루터는 자신이 번역한 성경을 제외하고도
수백 편의 소책자를 썼고, 수백만 부가 팔렸다.
하지만 당시 작가는 인세를 받지 않았기 때문에
루터가 책을 써서 벌어들인 수익은 전무했다.

물음의 순환

책은 답을 주면서

또 다른 질문을 던진다.

최근에 나는 몇 차례에 걸쳐 학원복음화협의회에서 주최한 W라는 모임에 다녀왔다. W는 Why, What, Way의 약자로, 젊은이들의 물음에 답하는 변증 토크쇼이다. 개그와 질의응답… 언뜻 보기에는 그다지 어울리지 않는 조합이지만, 나는 웃음과 답변을 버무리면서 너무나 자연스럽고 보람된 마음 상태였다. 물론 대학생들의 질문을 받고 대답하는 일이 다소 버겁게 느껴지는 것은 사실이다. 그러나 질문을 들으면서 문제의 핵심을 들추어내고 가능한 답변이나 지침을 제시할 때마다 얼마나 뿌듯했던지!

질문의 세 가지 힘

그러면서 나의 신앙생활에서 질문이 얼마나 중요한 역할을 했는지, 내가 사역하고 활동한 속내에서 질문하고 답변하는 일이 얼마나 큰 비율을 차지했는지가 떠올랐다. 내가 질문을 중요시하게 된 것은 적어도 세 가지 이유 때문이다. 첫째, 질문은 신앙적 성숙을 촉발하는 필수적 수단이다. 나는 처음 기독교 신앙에 발을 디딜 때부터 질문이 꾸역꾸역 솟아났다. "기독교에서 왼뺨 오른뺨 운운하는 것은 그런대로 이해가 가지만 왜 천국이니, 영원히 죽지 않느니 하고 이상한 이야기를 하는 것일까?" "도대체 죄가 무엇이기에 나보고도 죄인이라고 하는 건가?" "부활같이 믿기 힘든 내용을 넣지 않았으면 사람들이 기독교를 받아들이기가 훨씬 더 수월했을 텐데…" 등등이 그것이다.

의문이 생긴 것은 그리스도인이 되고 나서도 마찬가지였다. 아니, 오히려 질문이 더 많아졌다. "왜 영생의 기쁨을 누린다고 하면서도 열등의식은 사라지지 않지?" "하나님이 창세 전에 우리의 구원을 다 정해 놓으셨다면 그대로 이루어질 텐데, 구태여 전도할 필요가 있을까?" "여러 번 회개한 후에도 같은 죄를 계속 지을 경우, 용서가 가능할 것인가?"

사람들은 질문이 많은 나를 귀찮게 여겼겠지만 속에서 생기는 의문을 막을 수는 없는 노릇이었다. 나중에는 사람들에게 질문을 하기보다는 (질문을 해도 시원한 답변이 없는 때가 많았고 또 밤낮 질문만 하고 있을 수도 없었기 때문에) 그냥 질문 공책을 만들어 질문이 생기는 대로 정리하기 시작했다. 안타깝게도 언제인지 그 공책을 분실했지만, 거기에는 의미가 잘 통하지 않는 성경 구절에 대한 내용, 거짓말·선악과·성령세례 등 교리적 쟁점, 그리고 다른 여러 방면의 질문이 가득 차 있었던 것으로 기억한다.

지금 돌이켜보면, 이 번거로운 과정이 성숙의 과정이었음을 부인할 도리가 없다. 묻고 궁금해하고 의견을 듣고 해답을 구하면서 나 자신도 모르는 사이에 한 걸음씩 성숙을 향해 나아갔다. 당시에는 끊임없이 안개 속에서 헤매는 것처럼 여겨졌지만, 실은 그 안개 속에 성숙의 표지판들이 감추어져 있었고 그것들을 더듬으며 방향을 제시받은 것이었다. 질문하는 습성과 궁금증을 풀고자 하는 갈망이 없었다면, 인간적 관점에서 볼 때 성숙은 훨씬 더디었을 것이다.

둘째, 예수께서도 자신의 삶과 사역에서 질문을 중요시하셨다. 먼저 예수님 자신이 제자들이나 종교 지도자들이나 무리를 향하여 질문을 던지곤 하셨다(마 16:13, 15; 22:41-45; 막 2:9; 눅 2:46-47; 요 8:46; 10:32, 36). 그뿐만 아니라 사람들이 자신에게 하는 질문에도 깊은 관심을 표명하셨다(막 2:16-17, 18-22, 24-28; 10:2-12; 눅 12:41-48; 요 4:11-14; 6:28-29, 30-33; 9:2-3; 14:5-7).

물론 예수께서 모든 사람의 질문에 항시 동일하게 반응하신 것은 아니었다. 예를 들어, 자신의 권위에 도전하는 질문에는 구구하게 변명하거나 직접 맞닥뜨리기보다는 우회적 방책으로 응수하셨다(마 21:23-27). 또 자신을 곤경에 빠뜨리기 위해 던지는 질문들에는, 그들이 예상조차 하지 못한 답변을 하셔서 오히려 질문자의 우매함을 노출시켰고 자승자박의 모습을 드러내게끔 하셨다. 이것은 특히 종교 지도자들이 시도한 질문들에 해당이 된다(마 22:15-22, 23-33; 요 8:5-9).

그러나 자기 자신 속에 진지한 의문점이 있고 또 그 해결의 실마리를 예수 그리스도의 가르침에서 찾으려는 사람들에게는 매우 성실하고 진실하게 답변을 제시하셨다. 니고데모의 경우(요 3:1-15)에 그랬고, 부자 청년의 경우(마 19:16-22)에 그랬으며, 말세에 대한 제자들의 질문(막 13:3-37)에 대해서도 마찬가지였다. 특히 메시아의 특징에 대한 세례 요한의 질문에는 참으로 진지하고 적실성 있게 응수하셨다(마 11:2-6).

이처럼 예수 그리스도의 질문은 그분의 대화, 훈련, 사역에서 중요한 위치를 차지했다.

셋째, 질문은 질문자와 답변자 모두에게 이해력 증진을 가져오기 때문에 중요하다. 보통 우리는 어떤 이론이나 주장 내용을 전개하면서 스스로 그 자체로서 완벽하게 갖춰졌다고 여긴다. 이것은 그 내용에 대한 본인의 만족감 혹은 자신감 때문일 때가 많다. 그러나 아무리 좋은 이론과 설명이라도 개선의 여지가 없는 것은 아니다.

바로 이 시점에 질문의 기능이 중요하게 등장한다. 질문자로서는 내용 가운데 일부가 명료하지 않을 수도 있고, 좋은 내용이지만 듣는 이의 인식 수준에 맞지 않을 수도 있다. 또 다른 이의 관점이나 시각에서 볼 때 세부 사항이나 주안점의 표현에서 수정이나 보완이 필요한 경우도 발생하기 마련이다. 질문을 통해서 이런 점들이 이론이나 주장을 세운 이에게 전달되면, 사안에 대한 이해나 파악은 훨씬 더 깊어지고, 처음에는 생각조차 못 했던 다각도의 통찰력도 확보된다.

질문의 힘, 질문하고 답변을 시도하는 가운데 얻어지는 폭넓은 이해력과 깊은 통찰력은 이토록 대단한 것이다. 질문을 받고 답변을 준비하면서 답변자는 논하는 주제나 사안과 관련하여 훨씬 더 높은 수준으로 올라간 셈이다! 그는 자신이 알고 있던 바를 더 정확하고 자세히 정리할 수 있게 되었다. 또 자신의 입장이 다른 이들과 어떤 점에서 다르고 차이가 나는지 명확히 인식하게 되었다. 이제 자신의 이론과 설명을 수정·보완하여 그 질을 한층 더 끌어올릴 수 있는 것이다.

이 모든 결과가 질문으로 말미암은 것인데, 어떻게 질문을 중요시하지 않을 수 있겠는가?!

답변하는 책

그러면서 질문(질의응답)의 중요성과 책 읽기가 차지하는 역할을 되새기지 않을 수 없었다. 구태여 질문과 책 읽기를 연관시키라면, 다음 도표는 어떨까?

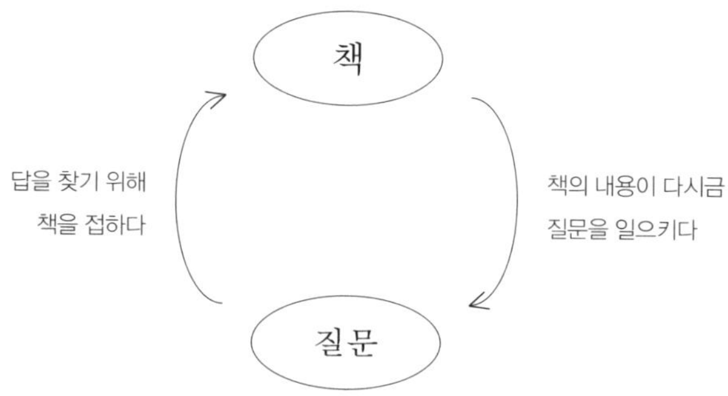

우리는 인생과 신앙이 던지는 수많은 질문을 끌어안고 답변을 얻기 위해 책으로 간다. 책은 우리의 질문에 답변을

제시할 뿐 아니라 예상치 않은 질문들을 일으키기도 한다. 여기에 질문과 책 읽기의 발전적 선순환이 존재한다.

그런데 책이 우리에게 답변을 주는 방도에는 직접적 방식과 간접적 방식 두 가지가 있다.

직접적 방식

직접적 방식은 그리스도인들이 던지는 질문과 이에 대한 답변 내용을 담은 책에서 발견된다. 이런 책들은 "기적은 과학적으로 설명이 되는가?"라는 식으로 아예 질문 형식을 취하기도 하고, "그것 참 좋은 질문이군"처럼 응답자의 적극적 반응을 채택하는가 하면, 그저 "그리스도인이 묻는 어려운 질문들", "소위 말하는 성경의 모순들", "질문 시간" 등의 설명식 어구를 제목으로 삼기도 한다. 이런 책들을 편의상 '문답책'이라고 하자.

내게는 문답책을 위한 분류 공간이 책집에 따로 마련되어 있다. 수효 또한 적지 않아 약 120종이나 된다. 주제별로 본다면 문답책은 세 유형으로 나누어진다. 첫째, 성경 관련 질문을 다루는 문답책이 있다. 이 가운데 가장 포괄적인 책으로는, 구약학자 아처Gleason L. Archer의《성경 난제 백과사전Encyclopedia of Bible Difficulties》(Zondervan, 1982)을 들 수 있다. 또 어떤 책은 성경의 표현이나 진술 사이에 모순처럼 여겨지는 구절들을 성경 전체에서 찾아 해설하기도 한다. 19세기 복음주의 변증가 존 헤일리John W. Haley의《성경의 모순 추정 구절들에 대한 연구An Examination of the Alleged Discrepancies of the Bible》(Wentworth Press, 2019)가 그런 책이다. 이처럼 포괄적이지는 않아도, 구약이나 신약 어느 한 부분을 다루는 책도 있고, 범위를 더 좁혀서 예수님의 언사나 바울 서신의 내용에만 집중하는 책들도 있다.

둘째, 기독교 신앙 전반에 대한 질의응답식 문답책도 있다. 첫째 유형이 성경 내용에 대한 것이라면, 둘째 유형은 성경뿐 아니라 (또는 성경의 내용은 제외하고) 신앙 일반에 관한 여러 질문을 다룬다. 매우 광범위한 책자로는, 개혁파 신학자 스프로울R. C. Sproul의《그것 참 좋은 질문이군!Now, That's a Good Question!》(Tyndale Momentum, 2020)은 300가지 이상의 질문을 다루며, 루터파 변증가 몽고메리John Warwick Montgomery는《하나님이 존재하는 것을 어떻게 알 수 있는가?How Do We Know There Is A God?》(NRP Books, 2017)에서 65가지의 질문에 간략한 답변을 제시한다. 주제를 좀 더 좁혀서 다루는 책자로는, 윤리학자인 쿡E. David Cook의《질문 시간 Question Time》(IVP, 2002)이 있는데, 그는 44가지 질문을 10개 분야로 나누어 소개했다.

셋째, 기독교 교리나 신학적 이슈에 집중하는 문답책 또한 발견된다. 칼뱅주의자면서 은사론을 지지하는 스톰즈 Sam Storms는《난해한 주제들 Tough Topics》(Crossway, 2013)에서 25가지 질문을 다룬다. 복음주의적 목회자요 저술가인 루처Erwin W. Lutzer는《모두 한 몸인데 왜 동의하지 못하는 가? All One Body Why Don't We Agree?》(Tyndale House Pub, 1989)에서 13가지 신학적 질문을 다루는데, 그중 네 가지가 예정론과 자유의지에 관한 내용이다. 개혁파 철학신학자인 내쉬Ronald H. Nash는《분수령 Great Divides》(Navpress, 1993)에서 기독교계에 등장하는 10가지 쟁점을 다루고 있다. 감리교 목회자인 해밀턴Adam Hamilton은《쟁점과 맞닥뜨리며 Confronting the Controversies》(Abingdon Press, 2005)에서 그리스도인들이 직면한 사회적 이슈 9가지를 채택해 해설을 시도한다.

간접적 방식

이 방식에 해당하는 책자들은 책 제목에서나 전개 방식에서나 무슨 답변을 시도한다는 낌새를 전혀 나타내지 않는다. 왜냐하면 바로 뒤에 소개하는 책들은 원래 문답책을 의도하여 집필된 것이 아니기 때문이다. 그런데 왜 나는 이것들이 간접적으로나마 문답책이라고 말하는가? 그것은 이 책들이 내가 가졌던 질문들에 매우 적실한 답변을 해주었기 때문이다. 저자의 의도는 아니었지만, 나로서는 이 책들의 골자가 너무나 내가 듣고 싶었던 답변을 담고 있어서 이런 범주에 넣은 것이다.

우선 소책자 세 종류가 있는데, 이들은 다음과 같은 나의 질문에 대한 답변이었다.

▶ 주님이 내 심령에 내주하신다는 것은 구체적으로 무엇을 뜻하는가?: 로버트 멍어,《내 마음 그리스도의 집》(한국IVP, 1981)

▶ 어떻게 하면 나를 향한 하나님의 뜻을 알 수 있나?: 폴 리틀,《하나님의 뜻을 알려면》(한국IVP, 1984)

▶ 그리스도께서 부활하셨다면, 무엇/어디에 증거가 나타나 있는가?: 노먼 앤더슨,《부활의 증거》(한국IVP, 1986)

그 외에도 십 수종의 책자가 나의 궁금증을 해소해 주었다.

▶ 그리스도인의 헌신은 어떻게 이루어지는 것이 바람직한가?: 마이클 그리피스,《내 삶을 받으소서》(한국IVP, 1997)

▶ 그리스도인의 영성은 어떤 내용을 어떤 식으로 담아야 하는가?: 레날드 맥컬리 · 제람 바즈,《인간: 하나님의 형상》(한국IVP, 1992)

▶ 기독교적 지성을 갖춘다는 것의 의미는 무엇인가?: 존 스토트,《생각하는 그리스도인》(한국IVP, 1984)

▶ 기적적 치유는 무엇이고 어떻게 이루어지는가?: 헨리 프로스트Henry W. Frost,《기적적 치유 *Miraculous Healing*》(Marshall, Morgan & Scott, 1951)

▶ 성령의 사역과 권능을 어떻게 이해해야 하는가?: 데이비드 하워드David M. Howard,《성령의 권능으로*By the Power of the Holy Spirit*》(IVP, 1973)

▶ 그리스도인은 야망을 어떻게 평가해야 하는가?: 밴 테이튼호브Frederick C. Van Tatenhove,《야망: 친구인가 적인가*Ambition:*

Friend or Enemy?》(Westminster Press, 1984)

▶ 기독 신앙과 심리학 사이의 관계는 무엇인가?: 게리 콜린스Gary R. Collins, 《심리학과 신학의 통합*Psychology & Theology: Prospects for Integration*》(Abingdon, 1981)

▶ 그리스도인은 과학과 성경의 관계를 어떻게 설정해야 하는가?: 버나드 램,《과학과 성경의 대화》(한국IVP, 2016)

▶ 그리스도인은 죄성과 어떻게 싸우며 살아야 하는가?: 존 라일,《거룩》(복있는사람, 2009)

▶ 설교에서는 적용을 어떻게 해야 하는가?: 제이 아담스 Jay E. Adams,《진리의 적용*Truth Applied*》(Zondervan, 1990)

▶ 그리스도 이전 사람들의 구원은 어떻게 설명해야 하는가?: 존 샌더스John Sanders,《다른 이름은 없다*No Other Name*》(Erdmans, 1992)

▶ 학문과 신앙은 어떻게 연계되어야 하는가?: 조지 마스 덴,《기독교적 학문 연구@현대 학문 세계》(한국IVP, 2000)

▶ 창세기 앞부분은 어떻게 해석해야 하는가?: 휴 로스 Hugh Ross,《창세기 항해*Navigating Genesis*》(RTB Press, 2014)

물음을 일으키는 책

지금까지 나는 책이 내가 가진 물음에 답변을 제공한다고 말했다. 어떤 책들은 직접적으로 또 어떤 책들은 간접적으로 그런 역할을 했다. 그러나 이렇게 답변 제공만이 책 읽기의 기능은 아니다. 책 읽기는 동시에 우리의 심령, 신앙, 생활에 도전적으로 질문을 던지기도 한다. "지금 당신의 신앙은 바른 궤도를 그리고 있는가?" "당신의 사고방식과 가치관이 과연 기독교적이라고 할 수 있는가?" "혹시 당신은 당신의 좁은 삶의 경험에만 갇힌 채 하나님의 관점으로 세상 보기를 거부하고 있는 것은 아닌가?" "하나님께서 지금이라도 당신이 바뀌기를 바라신다면, 우선 무엇부터 해야 하겠는가?" 등등이 그런 도전의 예이다.

아래 소개하는 책들 역시 억지로 우리의 삶과 신앙에 도전하기 위해서 꾸며진 것은 아니다. 그러나 나로서는 이런 책들의 내용을 접하면서, 마음에 동요가 일어나고 불편하고 급기야는 무언가 결심을 하든지 조처를 할 수밖에 없었다. 이런 점에서 주관적 측면이 강하게 작용했음을 미리 밝힌다.

▶ 엘리자베스 엘리엇(엮음), 《짐 엘리엇의 일기 *The Journals of Jim Elliot*》(Fleming H. Revell Company, 1978)

짐 엘리엇은 1950년대 에콰도르의 아오카 족속의 전도를 목표로 활동하다가 초기 접촉 과정에서 순교당한 다섯 젊은이 가운데 하나이다. 이 일기는 그가 선교 사역을 결심하고 죽기 얼마 전까지 기록한 것으로, 그의 아내가 편집했다.

나는 몇 부분을 읽으면서 언제나 선교적 헌신의 문제를 끌어올리곤 했다. 비록 초문화 선교 사역에 투신하지는 못했지만, 나를 항시 그런 심령으로 살도록 자극한다는 점에서 엄청난 각성제 노릇을 하고 있다.

▶ 존 파이퍼, 《하나님을 기뻐하라》(생명의말씀사)

웨스트민스터 대·소요리문답의 첫 조항을 현대적으로 풀이한 놀라운 저서이다. 나는 이 책을 읽으며 파이퍼의 철저한 칼뱅주의 신앙이 부러웠고 도전이 되었다. 내가 헌신된 칼뱅주의자로 방향 전환을 하는 데 이 책은 결정적 역할을 했다.

▶ 폴 마샬, 《그들의 피가 울부짖는다 *Their Blood Cries Out*》

(Word Publishing, 1997)

마샬은 이 책에서 신앙 때문에 고통받는 전 세계 그리스도인들의 상황을 주제별로 또 국가별로 열거하고 있다. 또 이런 비극에도 불구하고 서구 및 미국의 그리스도인들이 보이는 미온적 반응에 대해서도 비판을 서슴지 않는다. 나는 이 책을 읽으며 울컥하는 심정이 솟아나는 것을 여러 번 느꼈다. 결국 1998년 8월 12일부터 약 5개월에 걸쳐 책의 내용을 조금씩 읽으며 기도하지 않을 수 없었다. 이로써 "이는 세상에 있는 너희 형제들도 동일한 고난을 당하는 줄을 앎이라"(벧전 5:9)의 의미를 실감하게 되었다.

▶ 밥 에크블라드,《소외된 자들과 함께 성경읽기》(성서유니온, 2010)

사실 나는 아직 이 책을 자세히 읽지 못했다. 그러나 나처럼 정해진 삶의 영역에서 비교적 편한 나날을 살아가는 사람에게는 필독서라고 여겨진다.

▶ 데니스 알렉산더,《창조냐 진화냐, 하나를 선택해야 하는가?*Creation or Evolution: Do We Have to Choose?*》(Monarch Books, 2008)

알렉산더는 전형적인 복음주의적 신앙 전통의 지도자이다. 그는 생화학을 전공한 후 각종 연구 센터에서 근무했는데, 성경 내용과 과학(특히 유전학)의 발견 사항을 조화시킬 수 있다고 믿는 유신 진화론자이다. 그는 이 책자에서 유전학의 기초 내용과 더불어 창세기 초반부에 대한 성경적·신학적 주제를 자세히 기술하고 있다. 나는 한때 이 책에 흠뻑 빠져든 적이 있다. 지금은 그때만큼 열광적이지 않고, 특히 아담의 역사성 논쟁이 대두된 이래 다소 거리를 두고 있다. 그럼에도 불구하고 이런 책을 간과할 수는 없다. 복음주의적 신앙을 자처하는 인물이 어떻게 해서 유신 진화론의 입장을 주장하고 있는지, 비록 그의 입장에 동의하지 않는다 해도 알아볼 필요가 있다는 말이다.

▶ 존 파인버그 외 3인,《예정과 자유의지》(부흥과개혁사)

《예정과 자유의지》에는 "신적 주권과 인간의 자유에 관한 네 가지 견해*Four Views of Divine Sovereignty & Human Freedom*"라는 부제가 붙어 있다. 이 책의 저자는 존 파인버그, 노먼 가이슬러, 브루스 라이헨바흐, 클락 피녹 등 4인이다. 네 명의 발제자는 하나님의 주권과 인간의 자유가 어떤 식으로 연관되는지 자기 나름대로 견해를 발표하고, 다른 이들에 대해 논평을 시도한다. 신학적으로 말하자면, 존 파인버그는 칼뱅주의를 표방하고, 노먼 가이슬러는 가톨릭적 종합론을 제시하며, 브루스 라이헨바흐는 아르미니우스주의의 전형이고, 클락 피녹은 개방신론 open theism의 주창자이다.

이 책은 나의 믿는 바가 무엇인지를 신학적·철학적으로 집요하게 자문하도록 만드는 최상의 자극제였다. 보통 우리는 자신이 무엇을 믿는지 공표하는 데만 관심이 있고, 자신의 입장이 지닌 약점이나 문제점에 대해서는 까막눈인 경우가 많다. 이것을 인식하려면, 다른 관점의 주창자가 개진하는 설명을 귀 기울여 들어야 한다. 하나님의 주권과 인간의 자유라는 주제를 놓고 볼 때, 이 책만큼 전기한 목표를 너끈히 달성하는 역작도 없다고 하겠다.

▶ 진실의 힘 세월호 기록 팀,《세월호, 그날의 기록》(진실의 힘, 2016)

이 책은 세월호 참사의 진실을 밝히기 위해 자초지종을 밝힌 기록집이다. 나는 이 민족적 비극을 조금이라도 명확히 알아야 한다는 책임감과 나 자신이 너무 이 사태에 대해 한 일이 없다는 무력감 때문에 이 책을 구입했다. 아직 자세히 읽지는 못했지만, 이 책을 통해 그리스도인으로서의 민족 사랑이 좀더 깊어지기를 고대하고 있다.

▶ 이재근·송인규·정재영,《종교개혁과 평신도의 재발견》(한국교회탐구센터/IVP, 2017)

제7차 한국교회탐구포럼(2017. 6. 8)의 내용을 담은 책이다. 이 책의 뒷부분에는 "사람의 목소리는 빛보다 멀리 간다"라는 제하에 평신도 그리스도인 19인의 이야기가 수록되어 있다. 나는 이 이야기를 읽을 때 세상 속 평신도의 삶을 그저 추상적 개념으로 접하는 것이 아니라 흡사 나 자신이 그들 중 하나인 것 같은 생생한 느낌을 가질 수 있었다. 앞으로도 그들과 함께 삶의 현장에서 하나님나라 노래를 부르고 싶다.

비록 답변하는 책과 질문하는 책을 나누어 설명했지만, 실제로는 한 책이 얼마든지 답변도 하고 동시에 질문도 일으키기도 한다. 질문의 중요성이 사실인 이상, 또 책들이 질문에 답하기도 하고 질문을 던지기도 하는 이상, 나의 책 읽기는 앞으로도 쉼 없이 지속될 것이다.

중력이 독서 자세에 미치는 영향

서서 읽기

앉아서 읽기

엎드려 읽기

옆으로 누워 읽기

한 권의 책

'그 책'을 제대로 읽으려면

수많은 '책들'이 필요하다.

그리스도인에게 책을 권하면 반응이 각양각색이다. 어떤 이들은 무슨 책을 읽으면 좋을지 되묻는다. 그러면 나는 몇몇 분야의 책을 소개한다. 어떤 이들은 말은 안 하지만 '왜 꼭 책을 읽어야 하느냐'는 의문 가득한 표정을 짓는다. 그런 사람과 말을 더 깊이 나누지는 않지만, 나는 속으로 책을 읽어야 할 필요성을 정리하느라 마음이 무척 분주해진다.

까다로운 질문

그런데 가끔은 다루기 힘든 반박성 질문을 하는 이들이 있다. 그들의 질문은 한마디로 이렇다. "성경으로 충분하지, 왜 꼭 기독교 서적까지 읽어야 합니까?" 같은 취지로 더 절박하게 항거하는 이들도 있다. "아니, 성경도 못 읽는데 웬 책까지 읽으라고 야단이세요?"

나는 이런 식의 반응을 처음 그리스도인이 되고 나서부터 들어 왔다(사실은 나 자신에게도 던져 본 질문이었다). 물론 답변하기가 쉽지 않았다. 지금도 어느 정도 그렇다. 이 질문은 그저 그리스도인이 책을 읽어야 할 이유가 어디 있느냐와 다르다. 그것보다는 좀 더 깊이 들어간다. 그리스도인이라면 누구나 그렇듯 성경의 우위성을 전제한 다음에 책 읽기의 당위성이 무엇인지를 묻는 고급 질문이다.

나는 이 고급 질문에 대한 답변은 질문자가 어떤 처지의 그리스도인(또는 비그리스도인)이냐에 따라 달라질 수 있다고 생각한다. 편의상 〈상황 1〉의 그리스도인과 〈상황 2〉의 그리스도인을 나누어 보자. 만일 당신이 〈상황 1〉의 그리스도인(또는 비그리스도인)이라면 위의 고급 질문에 대한 답변으로 다음이 합당하다. "그렇군요, 성경도 읽기 힘든 상황이네요. 그렇다면 성경만(또는 성경이라도 제대로) 읽으십시오. 기독교 서적은 잊으세요."

그러면 누가 〈상황 1〉에 속할까? 구체적 예를 들면 다음과 같다. 1. 신앙상의 이유로 감옥에 갇혔는데 감옥에 성경밖에 없는 경우, 2. 중국 남서부의 고립된 부족의 경우(최근 부족어로 구약까지 번역되었고, 부족민들은 문맹퇴치반에 들어가 처음으로 자기 언어를 습득하였다), 3. 말기 암 선언을 받은 비신자로서 얼마 전부터 기독교 신앙에 관심을 갖게 된 경우, 이런 특수한 상황에 처한 이들에게는 성경만 읽어도 충분하다고 말해줘야 한다.

그러나 〈상황 2〉의 그리스도인이라면 사정이 전혀 달

라진다. 이들에게는 위의 질문과 관련해 이렇게 답할 수밖에 없다. "아니요, 성경으로 충분하지 않습니다. 성경 외에 최소한의 기독교 서적이 필요합니다." 그러면 〈상황 2〉의 그리스도인은 구체적으로 어떤 이들일까? 4. 현재 한국에서 살며 교회 생활을 하는 대다수 그리스도인, 5. 교회 내에서 크고 작은 규모의 모임을 책임지고 있는 직분자들. 이들은 성경과 더불어 최소한의 기독교 서적은 읽어야 한다는 말이다.

다른 책들이 필요한 이유

이상의 시도가 원래의 고급 질문을 어떻게 다루어야 할지 다소의 힌트와 단서를 던지기는 하지만, 아직도 답변이 시원하게 제시된 것은 아니다. 이제 고급 질문은 다음과 같은 형태로 둔갑하여 계속 도전해 온다. "왜 4번과 5번 같은 〈상황 2〉의 그리스도인들이 성경뿐 아니라 다른 기독교 서적들도 읽어야 한다는 말입니까?" 이에 대한 자세한 답변은 다소 복잡하므로 다음에 나오는 항목들이 그 도전에 응수할 것이다. 나는 그리스도인들(물론 〈상황 2〉의 그리스도인들

을 말한다)이 성경뿐 아니라 기독교 서적을 읽어야 할 이유
를 세 가지로 제시하고자 한다.

바르게 이해하려면

성경에는 뜻풀이가 쉽지 않은 내용과 구절들이 있으므
로 기독교 서적의 도움이 필요하다. 어떤 이들은 나의 이러
한 답변에 반대할 수도 있다. 그들의 반대 근거는 대체로
두 가지이다. 우선 "여러분으로 말하자면, 그가 기름 부어
주신 것이 여러분 속에 머물러 있으니, 여러분은 아무에게
서도 가르침을 받을 필요가 없습니다. 그가 기름 부어 주신
것이 여러분에게 모든 것을 가르쳐 줍니다"(요일 2:27, 새번
역)는 말씀에 근거하여, 성령께서 그리스도인에게 있어야
할 중요한 모든 것을 깨닫게 하셨기 때문에 아무에게게서도
(기독교 서적의 저자들도 포함하여) 더 이상의 가르침을 받을 필
요가 없다고 주장한다.

또 한 가지 근거는, 종교개혁자들이 로마가톨릭에 맞서
성경의 명료성perspicacity을 설파했는데, 이 가르침에 따르면
성경은 그 가르치는 바가 명료해서 누구라도 필요한 지식

을 얻을 수 있는 책이므로 교회나 성직자의 지도가 별도로 요구되지 않는다는 것이다. 이러한 한두 가지 근거를 내세우면서, 성경에 이해하기 힘든 부분이 있으므로 기독교 서적의 도움이 필요하다는 나의 주장에 반기를 든다.

그러나 그 반대가 나의 주장을 무효화하지 못하는 것은, 그들이 지금 빗나간 반대를 하고 있기 때문이다. 요한일서 2:27의 내용과 성경의 명료성에 관한 교리는 성경에 나타나 있는 구원의 기본 메시지를 염두에 두고 마련된 것이다. 나는 결코 성경에 나타난 구원의 기본 메시지, 예를 들어 고린도전서 15:1-4에 따르면 "우리의 죄", "예수의 십자가", "예수의 부활" 등이 있는데 이것들조차 명료하지 않다거나 기독교 서적의 도움 없이는 결코 이해할 수 없다고 말하는 것이 아니다.

물론 성경, 특히 신약성경은 그 핵심에 구원의 기본 메시지를 담고 있지만, 그것만으로 전체 내용을 구성하고 있는 것은 아니다. 베드로 자신이 인정하듯 종말에 관한 바울의 메시지에는 "알기 어려운 내용"이 있고(벧후 3:16), 심지어 베드로 자신의 편지 가운데 "옥에 있는 영들"이 누구이며 그리스도께서 하신 일이 무엇인지(벧전 3:19)는 난해 구절 가운데 하나이다. 또 꼭 그렇게 난해 구절까지 들먹이지 않는다고 해도, 바울은 어린아이들과 달리 어른에게 필요한 "밥"의 교훈이 있음을 언급했고(고전 3:2), 특히 히브리서 기자는 하나님 말씀의 초보에만 급급하는 당시 그리스도인들에 대해 답답함을 토로하지 않았는가!(히 5:12)

처음 그리스도인이 될 때는 복음의 기본 메시지를 이해하는 것만으로도 충분할지 모르나, 영적 성장과 성숙을 염두에 둔다면 자연히 성경에 나타난 여러 가지 가르침과 교훈을 소화할 수 있어야 한다. 그런데 그렇게 하려면 성경의 여러 내용을 해설하고 설명해 주는 기독교 서적의 도움을 등한시할 수 없다.

나는 4번 그리스도인들이 여기에 해당한다고 생각한다. 하물며 다른 그리스도인의 신앙 성숙을 책임진 5번 그리스도인들은 어떻겠는가? 물론 두 유형의 그리스도인들에게 필요한 기독교 서적의 수효나 양은 다르다. 아무래도 4번 그리스도인들에게는 너무 많지 않은 기독교 서적이 필요하겠고, 5번 그리스도인들에게는 지도력의 행사 범위에 따라 꽤 많은 양의 기독교 서적이 요구될 것이다. 그러나 수량의 많고 작음에 상관없이 4번 그리스도인이든 5번 그리스도인이든 그들에게는 모두 기독교 서적이 필요하다! 이것만큼은 부인할 수 없는 사실이다. 이들에게 어떤 기독교 서적이 필요한지는 아래 글에서 밝히고자 한다.

당시를 파악하려면

성경은 오늘날과 다른 문화(언어와 풍속)를 매개로 하나님의 뜻을 기록하고 있는데, 그러한 언어와 풍속을 제대로 파악하려면 기독교 서적의 도움이 필수적이다. 성경은 하나님의 영감에 의한 산물이지만 동시에 처음부터 끝까지 인간의 저술이기도 하다. 우리가 거의 습관적으로 표명하는 바 "성경은 100퍼센트 하나님의 말씀이고 100퍼센트 인간의 글이다"라는 진술은 바로 그런 사실에 입각한 것이다. 그런데 성경이 "100퍼센트 인간의 글"이라고 할 때, 그 말은 성경이 인간의 문화를 매개로 하여 기록되었고 인간 저자들의 문화적 실상을 반영한다는 뜻으로 이해할 수 있다. 한 걸음 더 나아가, 성경은 인간의 언어와 풍속을 통하여 하나님의 뜻을 전달한다는 말이다.

따라서 우리가 성경 전체를 통틀어 인간의 언어와 풍속을 발견하는 것은 이상한 일이 아니다. 우선, 성경이 문화의 책으로서 인간의 언어를 채택한 사실부터 확인해 보자.

인간 언어의 특징 가운데 한두 가지는 관용구의 사용과 비유적 표현의 채택에 있다. 구약성경의 예부터 살펴보자.

1. "사울이 그 발을 가리우러 들어가니라."(삼상 24:3, 이하 개역한글)
2. "내 이름을 인하여 그 뿔이 높아지리로다."(시 89:24)
3. "여호와의 손이 짧아 구원치 못하심도 아니요 귀가 둔하여 듣지 못하심도 아니라."(사 59:1)

1번은 '대변을 보러', 2번은 '세력이 신장되리로다'라는 뜻이고, 3번은 신인동형설神人同形說의 일종으로서 '여호와의 능력과 권능'을 상징한다.

신약성경에 와서도 마찬가지이다.

4. "그가 저주하며 맹세하여 이르되 나는 그 사람을 알지 못하노라."(마 26:74)
5. "바나바라 (번역하면 위로의 아들이라) 하니"(행 4:36)
6. "몸을 상해하는 일을 삼가라."(빌 3:2)

4번은 베드로가 자신의 진술에 신빙성을 부여하기 위하

여 만일 자신의 말이 거짓이라면 저주를 받아도 좋다는 식의 '자기부과적 저주의 맹세self-imposed maledictory oath'를 한 것이다. 5번에서 "~의 아들"은 히브리 관용구로서 '~을 특징으로 하는'이라는 뜻인데, 바나바는 이런 점에서 남을 위로하는 데 빼어난 인물이라는 말이다. 6번의 그리스어 카타토메는 '카타'(아래로)와 '토메오'(자르다)의 합성어로서, 할례에 해당하는 페리토메('페리'(주위)와 '토메오')를 변형하여 생식기를 거세한다는 그로테스크한 의미를 만들어 내었고, 이로써 유대주의자들을 조소하는 것이다.

상기한 바와 같은 어구나 표현은 성경만 읽는다고 해서 뜻을 저절로 파악할 수 없고, 반드시 성경과 연관한 참고 자료의 도움을 받을 때라야 비로소 이해할 수 있다.

이것은 문화의 또 다른 통로인 풍속에서도 대동소이하다. 먼저 구약성경에 나타난 풍속의 예이다.

1. "아브라함이 죽은 아내 사라의 장지를 매입하기 위해 헷 족속 에브론과 거래할 때 에브론은 아브라함이 언급하지 않은 밭까지 정중히 제공하고"(창 23:11), "내 주여! 내 말을 들으소서! 땅 값은 은 사백 세겔이나 그것이 나와 당신 사이에 무슨 문제가 되리이까?"(창 23:15)라고 함으로

써 여차하면 땅값을 면해 줄 것이라고 말하는 것처럼 보인다.

2. "이에 그 기업 무를 자가 보아스에게 이르되 네가 너를 위하여 사라 하고 그의 신을 벗는지라."(룻 4:8)

3. "엘리사가 이르되 당신의 성령이 하시는 역사가 갑절이나 내게 있게 하소서 하는지라."(왕하 2:9)

1번에서 에브론은 매우 정중한 어법을 구사하지만 실은 장삿속이 보통 빠르지 않은 인물로서 아브라함에게 장지로 필요한 굴뿐 아니라 밭까지 떠넘겨 팔고 땅값까지 톡톡히 받아낸다. 사실 에브론의 말투와 어법은 당시의 상투적인 겉치레에 지나지 않는다. 2번에서 신발이 거래의 징표가 된 것은, 땅을 사고팔든지 경계를 정할 때 신발을 신고 땅의 크기를 측정한 관행 때문이다. 3번에서 엘리사가 구한 것은 스승이 행사한 영향력의 두 배가 아니고, 다른 아들들과 달리 장자가 아버지로부터 받는 두 몫(신 21:17)을 의미한다. 엘리사는 엘리야의 장자, 진정한 계승자가 되기를 염원한 것이다.

풍속 역시 신약성경 여기저기에 등장한다.

4. 예수의 제자가 되기 위해서는 가족과 직업(막 1:20)뿐 아니라 재물(눅 14:33)까지도 버려야 한다는 것.

5. 두 사람(바울과 바나바)이 그들을 향하여 발의 티끌을 떨어 버리는 일.(행 13:51)

6. "보증으로 성령을 우리에게 주신 이는 하나님이시니라."(고후 5:5)

4번에서 예수 당시에 제자가 된다는 것은 스승과의 신체적 근접성을 함의했는데, 이처럼 예수 그리스도를 줄줄 따라다니려면 자연히 가족과 직업과 재물을 포기해야 했다. 5번에서 발의 티끌을 떨어 버리는 행위는 하나님의 메시지를 배척한 것과 주의 일꾼들에게 고통을 끼친 것이 바로 안디옥 지방의 유대인들이고 사도들은 그들과 아무런 상관이 없다는 것을 나타내는 상징적 동작이다. 6번에서 보증이란 전체 금액 가운데 처음 지불되는 부분으로서 나머지 금액도 반드시 지불되리라는 표시가 되는데, 마찬가지로 우리가 구원의 온전한 은택을 누리리라는 데 대한 첫 지불금으로서 성령이 주어진 것이다.

구약성경과 신약성경에 나타난 이러한 풍속들은 성경에 명확히 설명되어 있지 않기 때문에 반드시 참고 자료의 보조를 받아야 그 의미를 제대로 파악할 수 있다.

이제 성경의 문화(언어와 풍속)를 이해하기 위하여 필요한 기독교 서적(참고 자료)을 구체적으로 소개하고자 한다. 이 책들을 추린 이유는 순전히 개인적인데, 내가 오랜 세월에 걸쳐 애용했기 때문이다(최근 들어 국내에 소개된 책들은 해당 도서의 번역서를 소개한다).

▶ **성경 원문 파악** 존 R. 콜렌버거 3세 John R. Kohlenberger III, 《히브리어-영어 구약성경 *The Interlinear NIV Hebrew-English Old Testament*》(Zondervan, 1976); 알프레드 마샬 Alfred Marshall, 《헬라어-영어 대조 신약성경 *The New International Version Interlinear Greek-English New Testament*》(Zondervan, 1976)

▶ **스터디 바이블** 케네스 바커, 《NIV 스터디 바이블》(부흥과 개혁사); 《ESV 스터디 바이블》(부흥과개혁사)

▶ **성경 배경 주석** 존 월튼·빅터 매튜스·마크 샤발라스, 《IVP 성경배경주석(구약)》(한국IVP, 2001); 크레이그 키너, 《IVP 성경배경주석(신약)》(한국IVP, 1998)

▶ **주석** J. A. 모티어 외 편, 《IVP 성경주석》(한국IVP, 2010); 매튜 풀 Matthew Poole, 《성경주석(국내에는 "매튜 풀 청교도 성경주석"(CH북스)이라는 이름으로 신약성경 주석만 나와 있다) *A Commentary* *on the Holy Bible*》(The Banner of the Truth, 1962); 찰스 엘리코트 Charles John Ellicott, ed.,《엘리코트의 성경주석*Ellicott's Commentary on the Whole Bible*》(Zondervan, 1959)

▶ **성경 사전** 하워드 마샬 I. Howard Marshall et al, eds.,《성경사전 *New Bible Dictionary*》(IVP, 1996); 프레드릭 페비 브루스 F. F. Bruce et al, eds.,《사진으로 보는 성경사전*The Illustrated Bible Dictionary*》(IVP, 1980)

▶ **QT 질문집** G. T. 맨리, H. W. 올덤 G. T. Manley and H. W. Oldham, eds.,《성경 탐구 *Search the Scriptures*》(IVP, 1960); 캐롤 애드니 Carol Adeney, ed.,《하나님과 함께하는 아침*This Morning with God*》(IVP, 1978)

▶ **개인 성경 공부** 레티시아 마갈릿 Leticia A. Magalit,《효과적인 성경공부 *How to Lead Bible Studies*》(Inter-Varsity Christian Fellowship of the Philippines, 1974); 에이다 럼, 루스 시멘스 Ada Lum and Ruth Siemens,《창의적 성경공부*Creative Bible Studies*》(Jyoti Pocketbooks, 1973)

▶ **성경 해석학** 노튼 스테레트, 리처드 슐츠,《성경해석의 원리》(성서유니온, 2015)

▶ **성경의 적용** 송인규,《성경의 적용》(부흥과개혁사, 2017)

숲을 조망하려면

인류에 대한 하나님의 구원 역사를 제대로 파악하려면 성경을 부분적으로뿐 아니라 전체 흐름을 개관하는 일이 필요한데, 이는 관련 기독교 서적을 읽음으로써만 가능해지기 때문이다. 성경의 구속사 이야기를 한눈에 조망하는 일은, 하나님의 구원 역사와 관련하여 "나무만 보고 숲은 보지 못하는" 우를 범하지 않도록 예방하는 데 필수 불가결한 조치이다. 그런데 이러한 성경적 조망 작업은 결코 이런 목적을 위해 쓰인 기독교 서적의 도움을 받지 않으면 이루어질 수 없다. 여기에 해당하는 책들은 다음과 같다.

가장 기초적이고 쉬운 입문서로는 존 스토트의 《성경연구입문》(성서유니온)이 있다. 스토트는 본인 특유의 간결한 필치로 성경의 목적, 지리, 신구약 이야기, 핵심 메시지, 성경의 권위, 해석, 성경의 사용 등을 소개하고 있다.

다소 학문적 성격을 강하게 반영하면서 구약과 신약의 신학적 관계를 탐구한 책자로는 데이비드 베이커의 《구약과 신약의 관계》(부흥과개혁사)가 있다. 베이커는 제1부에서 신구약 사이의 관계에 대한 역사를 기술한 뒤, 제2부에서 네 명의 학자들이 마련한 해결 방안을 하나씩 소개·비평·비교한다. 3부에서는 '예표', '약속과 성취', '연속성과 불연속성'이라는 핵심적 주제를 도입해 신구약 관계를 설명하고, 마지막 4부에서 저자 자신의 해결책을 제시한다.

다음에 소개할 여섯 권은 성경신학 분야에 해당하는 책이다. 처음 두 권은 일반 그리스도인을 겨냥하여 쓰였다. 먼저 그레엄 골즈워디의 《복음과 하나님의 계획》(성서유니온)이다. 이 책은 총 27장으로 구성되어 있는데, 성경신학 관점에서 볼 때 네 부분으로 나누어진다. 먼저 "성경신학, 왜?"(1장)에서는 성경신학의 필요성을 설명하고, "성경신학, 어떻게?"(2-7장)에서는 하나님 지식의 메커니즘과 원천을 다루고 있으며, "성경신학, 무엇을"(8-25장)에서는 성경신학의 내용이 무엇인지 밝히고, 마지막 "성경신학, 어디로?"(26-27장)에서는 성경신학의 내용과 방법을 '하나님의 인도'와 '부활'에 적용하고 있다. 성경신학 입문서로서 이보다 더 좋은 책도 발견하기 쉽지 않다.

다음으로 소개할 책은 크레이그 바르톨로뮤·마이클 고힌의 《성경은 드라마다》(한국IVP)이다. 성경 전체 이야기를 창조-타락-구속의 시작-(막간: 신구약 중간기)-구속의 성취-교회의 선교-구속의 완성이라는 6막으로 나누어 흡사 드라마를 보듯이 정리했다. 이 책은 기독교 세계관, 성경

신학, 우리의 사명을 한데 엮어내고 있다는 점에서도 흥미롭다.

다음에 등장하는 네 권은 명실공히 성경신학의 표준적 저술이라고 해도 과언이 아니다.

그레고리 K. 비일의 《성전 신학》(새물결플러스)이 첫 번째 책이다. 이 책은 제목이 예시하다시피 '성전'이라는 주제로 신구약의 흐름을 꿰뚫고 있다.

두 번째 책은 크리스토퍼 라이트의 《하나님의 선교》(한국IVP)이다. 하나님의 선교가 성경의 원대한 이야기를 풀어내는 열쇠라는 확신 하에 성경과 선교 → 선교의 하나님 → 선교의 백성 → 선교의 무대의 순서로 내용을 개진하고 있다.

세 번째 책은 제임스 해밀턴 주니어의 《심판을 통한 구원 속에 나타난 하나님의 영광*God's Glory in Salvation through Judgment*》(Crossway)이다. 해밀턴은 하나님의 구원 역사가 하나님의 심판과 함께 맞물려 있고, 이를 통해 하나님의 영광이 드러난다고 주장한다. 그는 이 주제로써 성경의 각 책을 일관되게 조망하고 있다.

마지막 책은 피터 젠트리와 스티븐 웰럼의 《언약과 하나님 나라》(새물결플러스)이다. 이 책은 하나님의 나라와 언약 개념을 성경 신학적으로 조명했다는 점에서 무척 특이하다.

이제 최종적으로 성경의 전체적 조망을 돕는 참고서(사전과 주석)를 몇 권 거론하고자 한다.

첫째는 리랜드 라이컨, 제임스 윌호이트, 트렘퍼 롱맨 3세가 함께 편집한《성경 이미지 사전》(CLC)이다. 이 사전은 성경에 나타난 표상, 상징, 모티프, 은유, 비유적 표현 및 문학적 패턴 등을 백과사전식으로 총망라하고 있다.

그다음 책은 데스몬드 알렉산더와 브라이언 로즈너가 공동 편집한《IVP 성경신학사전》(한국IVP)이다. 성경신학사전인 만큼, 제1부 "서론"에서는 성경신학에 연관된 여러 이슈를 해설하고, 제2부에서는 성경 전체와 각 책의 내용을 다루며, 제3부에서는 본격적으로 성경신학적 주제들을 풀이해 준다.

셋째, 다니엘 리드가 편집한《IVP 신약사전*The IVP Dictionary of the New Testament*》(InterVarsity Press) 또한 빠질 수 없다. 이 사전은 원래 네 권—《예수와 복음서 사전》,《바울 및 바울 서신 사전》,《신약 후기 저작물 사전》,《신약 배경 사전》—으로 출간된 방대한 분량의 전문 자료를 단권으로 축약한 것이다.

　마지막 책은 사전이 아니고 주석인데, 비일과 카슨이 공동 편집한 《신약의 구약 사용 주석 시리즈》(CLC)이다. 이 주석은 마태복음에서 요한계시록에 이르기까지 신약의 각 책에서 구약이 어떻게 사용되고 있는지를 취급한 해설서이다.

　나는 지금까지 기술한 세 가지 이유를 들어 대다수 그리스도인(4번과 5번 그리스도인)은 성경과 더불어 기독교 서적을 읽어야 한다고 주장했다. 이미 앞에서 밝혔듯 얼마나 많은 기독교 서적을 읽어야 하느냐는 각 그리스도인이 공동체 내에서 맡은 책임에 따라 차이가 있을 것이다. 그러나 그럼에도 불구하고 일반 그리스도인이든 평신도 지도자든 목회자든 성경과 더불어 기독교 서적을 읽어야 한다는 점은 공통적이라 할 수 있다.

과거에 양피지로 1천 페이지 분량의 성경을 만들기 위해선
약 250마리의 양이 필요했다.

'크리스천 마인드'에 관한 책 읽기

세계관에 관한 책 읽기

영성에 관한 책 읽기

책의 지도

학문과 신앙에 관한 책 읽기

'책 중의 책'에 관한 책 읽기

◆

'크리스천 마인드'에 관한 책 읽기

◆

한국 그리스도인은

왜 생각하지 않을까.

나는 그리스도인의 지성 활동과 관련하여 '기독교적 지성'이나 '기독 지성'이라는 용어를 쓰지 않는다. 제목에도 '크리스천 마인드Christian mind'라고 했을 따름이다. 사실 제목을 '기독 지성에 관한 책 읽기'라고 할지, '크리스천 마인드에 관한 책 읽기'라고 할지 꽤 망설였다. '기독 지성에 관한 책 읽기'로 하면 우리말 표현은 괜찮으나 소수 엘리트를 겨냥한 느낌을 지울 수가 없었다. 그래서 고민 끝에 '크리스천 마인드에 관한 책 읽기'로 정했다.

이 문제는 '크리스천 마인드'라는 어구와 관련해 40년 가까이 몸부림쳐 온 개인적 경험과도 맞물려 있다. 이 어구에 담긴 뜻을 정확히 옮길 수 있는 우리말 어휘나 표현이 없다는 말이기도 하다. 가령 이 어구를 '기독교적 사고Christian thinking'라고 번역하면, '크리스천 마인드'의 의미를 매우 축소하는 셈이다. '기독교적 정신Christian spirit'이라는 표현도 선택할 수 있지만, 의미가 너무 모호해져 원래 뜻을 흘트리고 만다. 마지막 선택지는 '기독교적 지성Christian intellect'인데, 앞의 두 가지보다 훨씬 나아 보이나 앞서 언급한 엘리트주의 문제가 있다.

그래서 '기독교적 지성' 대신 '크리스천 마인드'를 택했다. 여기서 '마인드'는 마음가짐이 아니고 지성 활동을 가리킨다. 따라서 '크리스천 마인드'는 '그리스도인으로서 지성적 존재 됨' 또는 '그리스도인의 지성 활동'을 뜻한다.

그런데 왜 우리말에는 '마인드mind'나 '크리스천 마인드Christian mind'에 딱 부합하는 단어가 없을까? 전문가가 아니므로 함부로 말할 수는 없지만, 두 가지 요인 정도는 거론할 수 있을 것 같다. 우선, 한국이 속한 동양 문화는 서양과 달리 과거부터 인간을 지성적 존재로 파악하지 않았다. 이 말은 동양 문화에 지적 전통이 부재하거나 결여되었다는 뜻이 아니다. 지적 전통은 엄연히 있었고 이를 무척 중요시했다. 단지 인간의 본성을 이해하고 규명하는 데 지성이라는 특성의 범주를 배제하였다는 말이다. 이와 달리 도덕성은 인간 본성의 중심 개념으로 자리를 잡은 사실이 우리 눈길을 끈다.

둘째, 무교巫敎, 샤머니즘의 반지성적 경향이 그리스도인의 종교적 심성을 사로잡았기 때문이다. 무교에는 경전이 없으므로 지성적 활동이나 지적 전통의 형성을 목도할 수 없다. 그런데 한국의 기독교는, 다른 종교도 그렇지만, 무교의 영향을 강하게 받아서 신앙의 발현이 정서적이고 제의祭儀 행위적 양상으로 쏠렸다. 그래서 지성적 요소나 특징은 기독 신앙의 본연적 자태와 아무 상관이 없는 것으로 인식하는 풍토가 오래전부터 기독교에 뿌리를 내렸다.

이러한 한국 기독교의 생태적 고착 현상 때문에 한국 그리스도인들은 기독 신앙과 지성적 활동을 상극으로 여기든지 아니면 물과 기름처럼 어색하고 불편한 동거 관계로 이해하게 되었다.

그러나 이런 식의 몰이해와 편견은 한시바삐 교정되어야 한다. 동시에 기독 신앙과 지성 활동 사이의 친화성이나 상호 연관성 또한 적극적으로 소개될 필요가 있다. 이번 장은 이 사안을 해결할 책에 초점을 맞추었다.

이제 마인드 또는 크리스천 마인드를 주제로 다루는 기독 서적을 일별하도록 하자. 네 범주로 분류하는 것이 유익하리라 생각한다.

크리스천 마인드 ① 마인드의 일반적 내용과 다양한 측면

이 범주에는 마인드나 크리스천 마인드에 대해 일반적 내용과 다양한 측면을 말하는 책들이 포함된다.

▶ J. C. 메트칼프 J. C. Metcalfe, 《성경과 인간의 마인드 *Bible and*

the Human Mind》(The Overcomer Literature Trust, 1960)

문고판 크기의 책으로 인간의 마인드에 대한 성경적 연구서이다.

▶ 존 스토트,《생각하는 그리스도인》(한국IVP)

원제는 "당신의 마인드가 중요하다*Your Mind Matters: The Place of the Mind in the Christian Life*"이며, 그리스도인에게 사고 활동이 얼마나 중요한지 깨우쳐 주는 책이다.

▶ 오스 기니스*Os Guinness*,《날씬한 몸 비대한 마인드*Fit Bodies Fat Minds*》(Baker Books, 1994)

몸은 날씬한데 마인드는 비만 상태라는 제목을 붙여 가며 영미 복음주의자들 사이에 나타난 반지성주의를 날카로이 지적하고 있다.

▶ 릭 나네즈*Rick M. Nañez*,《순복음, 부서진 마인드?*Full Gospel, Fractured Minds?*》(Zondervan, 2005)

하나님의 선물인 지성을 올바로 사용하도록 각성시키는 책인데, 저자가 오순절 교단 소속 목회자라는 점이 특이하다.

▶ 게리 콜린스Gary R. Collins, 《위대한 마인드*The Magnificent Mind*》(Word Books, 1985)

그리스도인 심리학자가 인간의 마인드를 스무 가지 연관 주제로 살핀 책이다.

▶ 모티머 J. 애들러Mortimer J. Adler, 《지성*Intellect: Mind over Matter*》(Macmillan, 1990)

현대 심리학의 환원주의 현상 때문에 거부되거나 등한 시된 마인드의 지성적 능력이 무엇인지, 또 그것을 어떻게 회복할지 말하고 있다.

크리스천 마인드 ② 믿음과 지성의 관계

둘째 범주에는 '믿음과 이성' 또는 '신앙과 지성'의 관계를 설명하는 책들이 들어간다.

▶ 제람 바즈 외, 《신앙과 지성》(일지각)
전 세계 라브리 사역자들의 강연 내용을 정리한 책으로, 신앙과 지성의 관계를 간접적으로 다룬다.

▶ 캘빈 밀러Calvin Miller, 《의미에 대한 갈망*A Hunger for Meaning*》(IVP, 1984)

저술가요 목회자인 캘빈 밀러는 그리스도인의 신앙과 이성의 동반적 역할을 기조로 하여, 의심과 회의주의로 도전하는 현시대의 지성적 풍토 속에서 기독 신앙의 신빙성과 적합성을 변호하라고 촉구한다.

▶ 테리 L. 미스Terry L. Miethe, 《신앙과 이성에 대한 안내서*A Christian's Guide to Faith & Reason*》(Bethany House, 1987)

목회 사역과 교수 사역을 병행한 저자는 그리스도인의 신앙에 직간접적으로 연루된 지성적 기능과 활동을 일깨움으로써 신앙과 이성의 동반자적 역할에 대한 지침을 제시한다.

▶ 스티브 윌킨스Steve Wilkens, 《신앙과 이성*Faith and Reason: Three Views*》(IVP Academic, 2014)

기독 신앙과 이성 사이에 존재하는 관계를 세 가지 유형, '긴장Faith and Philosophy in Tension'과 '선후Faith Seeking Understanding'와 '종합The Thomistic Synthesis'으로 구별하고, 각 유형을 대변하는 이들의 입장과 이에 대한 비평을 싣고 있다.

크리스천 마인드 ③ 크리스천 마인드

셋째 범주의 책들은 본격적으로 크리스천 마인드가 무엇인지 파악하고자 씨름한다.

▶ 해리 블레마이어즈Harry Blamires, 《크리스천 마인드*The Christian Mind: How Should a Christian Think?*》(Servant Books, 1978)

블레마이어즈는 옥스퍼드에서 C. S. 루이스의 지도를 받았고, 후에 자신도 영문학을 가르치는 인물이 되었다. 그는 이 책에서 "…그리스도인으로서 대화 이전에 있어야 할 것이 있는데 그것이 바로 크리스천 마인드이며, 크리스천 마인드는 기독교적 전제들로 구성된 준거 틀 속에서 세속적 논쟁의 자료를 다룰 수 있도록 훈련되고 교육받고 준비된 마인드이다. 크리스천 마인드는 크리스천 사고Christian thinking의 선행 조건이며, 크리스천 사고는 크리스천 행동Christian action의 선행 조건이다"(43쪽)라고 적었다.

▶ 해리 블레마이어즈Harry Blamires, 《크리스천 마인드의 회복*Recovering the Christian Mind: Meeting the Challenge of Secularism*》(IVP, 1988)

제목처럼 크리스천 마인드의 재발견만이 불신 세상 가운데서 그리스도인으로 살아갈 수 있는 원동력이 된다고 주장한다.

▶ 올리버 바클리Oliver R. Barclay,《지성과 그 너머*The Intellect and Beyond*》(Academie Books, 1985)

다년간 영국 IVF 총무를 지낸 저자는 "내가 믿기로는 성경에 의하면 크리스천 마인드란 우리의 삶과 사고를 지배하는 그리스도인의 전망Christian outlook을 의미한다. 신약성경의 개념은 '마인드'라는 현재 용법보다 오히려 전망이라는 단어에 더 가깝다는 것을 보여주고자 한다. 또한 '마인드'는 지적일 뿐 아니라 실제적이며 경건에 관한 개념임을 보이고자 한다"(15쪽)라고 적었다.

▶ 데이비드 길David W. Gill,《크리스천 마인드의 개방*The Opening of the Christian Mind: Taking Every Thought Captive to Christ*》(IVP, 1989)

저자는 평신도를 위한 기독교 학문 분야 대학원인 뉴칼리지New College(Berkeley)를 1977년에 설립하고 원장으로 섬겼는데, 그는 "크리스천 마인드는 이 모든 요인(이성, 의지,

감정)을 포함한다. 나는 우리의 머리에서 이루어지는 활동들을 주되신 예수 그리스도께 총체적으로 바치는 것holistic commitment을 지지한다. 이것은 전통적으로 우리가 마음heart이라 부르던 것도 포함한다. 나는 주님께 마음도 바치기를 권하고자 한다. 그런데 성경적 의미에서의 마음은 심장에 있는 것이 아니라 뇌에 있다"(22쪽)라고 했다.

▶ 제임스 사이어James W. Sire, 《마인드에 관한 제자도Discipleship of the Mind》(IVP, 1990)

세계관에 대한 저작으로 널리 알려진 저자는 "크리스천 마인드는 세계관—그리스도인의 세계관은 말할 것도 없고—에서 시작하지 않는다. 그것은 하나의 태도에서 시작한다. 비록 태도란 것이 그리스도인의 세계관에 뿌리박고 있으나 그럼에도 크리스천 마인드는 일차적으로 태도이다"(15쪽)라고 말한다.

▶ 제임스 사이어,《지식긴축법》(한국IVP)

사이어는 바로 위 책을 펴낸 후 10년 만에 이 책을 집필했다. 원서 제목은 "마인드의 습관 Habits of the Mind: Intellectual Life as a Christian Calling"이며, 2000년도에 출간되었다. 이 책은 그리스도인의 지성 활동에 대한 종합적이며 체계적인, 그러면서도 완성도 높은 안내서라고 할 수 있다. 특히 제8장은 책 읽기를 통한 사고훈련을 다루고 있다.

해리 블레마이어즈, 올리버 바클리, 데이비드 길, 제임스 사이어, 네 명의 저자가 크리스천 마인드에 대해 묘사한 내용을 정리하면, 다음과 같은 네 가지 진술이 산출된다. 첫째, 크리스천 마인드는 무엇보다도 먼저 사고思考라는 지성적 활동을 중심·기반으로 한다. 둘째, 크리스천 마인드는 사고 작용을 중심·기반으로 하되 여타의 인격적 기능인 감정과 의지를 배제하지 않는다. 셋째, 이런 의미에서 크리스천 마인드는 이차적으로 '전망'과 '태도' 등과 연계될 수 있다. 넷째, 크리스천 마인드의 열매는 삶에서 찾을 수 있다.

크리스천 마인드 ④ 세속 학문 영역 속 발현

마지막 넷째 범주의 책들은 대학 같은 고등교육기관에서 학생이나 교수로서 '크리스천 마인드'를 발휘하고 행사해야 하는 이들을 위한 지침서이다.

▶ 진 에드워드 비스,《지성으로의 초대》(생명의말씀사)

대학에서 영어를 가르쳐 온 저자는 그리스도인들이 대
학 캠퍼스와 같은 세속 문화로부터 격리되거나 거기에 동
화되지 않으려면 크리스천 마인드를 계발해야 한다고 다
각도에서 설명과 조언을 베푼다.

▶ 클리포드 윌리엄스Clifford Williams,《마인드의 삶*The Life of
the Mind: A Christian Perspective*》(Baker Academic, 2002)

대학에서 철학을 가르치고 있는 저자는 기독 신앙이 지
적 활동이나 지성의 삶에 일으킨다고 제기되는 갈등이나
마찰이나 문제점을 하나씩 다루면서 세속적 아카데미 환경
에서 크리스천 지성인의 삶을 영위할 방도를 제시한다.

▶ 리처드 T. 휴즈Richard T. Hughes,《그리스도인 학자의 소명
*The Vocation of a Christian Scholar: How Christian Faith Can Sustain the Life of the
Mind*》(Eerdmans, 2005)

대학에서 종교학을 가르치며 신앙과 학문 센터의 소장
으로도 일하는 저자는 그리스도인으로서의 정체성과 학
자·교수로서의 정체성을 어떻게 조화시켜 통전적이고 일
관성 있는 소명을 견지할 수 있는지에 관해 필요한 사항들

을 빠짐없이 짚어 가며 설명해 준다.

▶ 마크 A. 놀, 《그리스도와 지성》(한국IVP)

《복음주의 지성의 스캔들》의 저자가 약 17년 만에 펴낸 이 책은 매우 특이하게도 기독론과 학문연구 사이를 연관 지음으로써 그리스도인의 신앙과 지성 활동은 흔히 피상 적으로 인식되는 것보다 훨씬 더 긴밀한 상관관계에 놓여 있음을 보여준다.

나는 지금까지 네 범주의 책들을 소개하면서 기독 신앙 에서 크리스천 마인드가 차지하는 본질적 중요성을 설명 하였다. 종교개혁의 주역들, 예를 들어 루터(1483-1546)나 칼뱅(1509-1564) 등도 당시 기준으로 볼 때는 참으로 '크 리스천 마인드'를 소유한 학자들이었다. 이들의 개혁적 열 망은 직간접으로 고전 연구에 힘을 입었고, 지성 활동은 그 모든 것의 근저를 형성하고 있었다. 종교개혁의 주역들이 그랬듯이 우리 또한 책 읽기를 통해 크리스천 마인드 계발 을 게을리하지 않아야 오늘날에도 기독교의 본래 모습을 능력 있게 드러낼 수 있을 것이다.

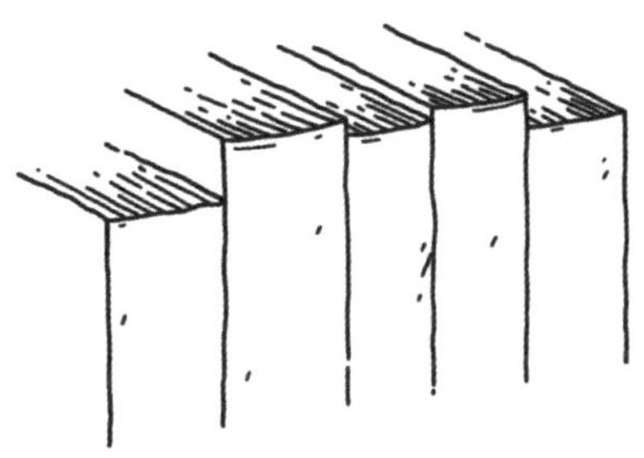

서가에 꽂혀있는 책들의 높이가 제각각인 걸
참을 수 없었던 일부 장서가들은

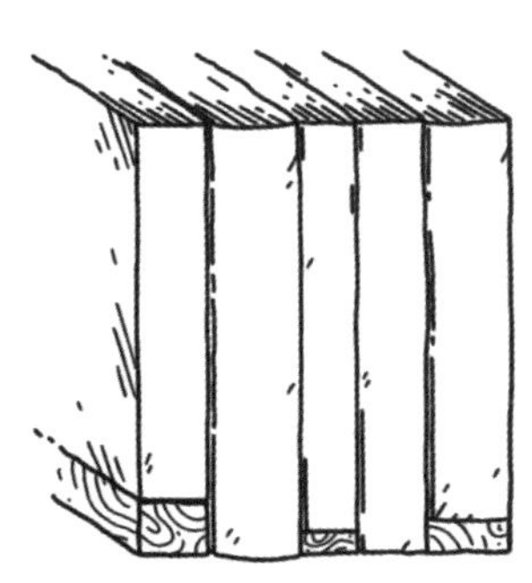

책 밑에 나무를 덧대
책 높이를 맞추거나

일정한 높이 이상으론
잘라냈다고 한다.

세계관에 관한 책 읽기

당신이 보는 세계는 이미

당신 안에 있다.

나의 경험에 비추어 말하자면, '기독교 세계관'이라는 용어가 한국 그리스도인들 사이에서 빈번히 사용되기 시작한 것은 아마도 1981년도부터였을 것이다. 그 시절 서대문 쪽에 위치한 미동아파트 810호 당시 한국 IVF 사무실의 한 방에서는 대학원생 몇 명이 모여 스터디 그룹을 구성했는데, 그때 참석자들은 제임스 사이어의 *The Universe Next Door*를 한 장씩 돌아가며 번역하고 발표하며 읽어나갔다.

그동안 기독교 세계관을 놓고 때때로 탐색과 논의와 공방이 이어졌지만, 어쨌든 그로부터 40년 가까이 지난 지금에는 이 용어가 한국 그리스도인의 의식 속에 정례화된 주제로 자리 잡지 않았나 싶다. 이것은 기독교 세계관이 일부 신학교나 기독교 대학에서 수강 과목이 되었고, 기독교 세계관 책들이 계속해서 저술(또는 번역)되고 있으며, 아예 〈월드뷰〉라는 정기간행물이 발행되고 있는 데서 알 수 있다.

세계관을 간략히 "세계를 특정적 관점으로 조망하는 일"이라고 한다면, 세계관과 기독교 세계관을 구별해서 사용하는 것이 개념으로나 실제로나 유용하다. 일반 세계관은 사람들이 세상을 어떻게 보는지를 사실적으로 기술하는 데 주력한다. 반면, 기독교 세계관은 그리스도인이 세상을 어떻게 보아야 하는지를 당위와 규범의 차원에서 교훈하는 것에 집중한다. 그러므로 전자는 문화인류학자의 과제이며, 후자는 당연히 교회 지도자들의 관심사이다.

이 내용을 복음화라는 각도에서 생각하면 다음 같은 과정으로 도식화할 수 있다.

비그리스도인은 그들이 가진 세계관이 무엇인지를 분석하고 안 다음에야 복음과의 접촉점을 찾을 수 있고, 일단 기독교 신앙을 가진 이후에는 기독교 세계관으로 교육받아야 한다.

세계관을 탐구하고 분석하는 책

세계관은 만인 공통의 인식론적·실존적 현상이므로 그리스도인만이 연구 대상으로 삼는 것은 아니다. 또 그리스도인들이 세계관을 논할 때 그 목적이 항상 선교적일 필요는 없다. 이런 점을 고려하여 전체 상황을 살필 때 세계관 관련 책은 세 가지 범주로 나누어진다.

일반 세계관 ① 학문적 연구

첫째, 학문적 목적으로 세계관을 연구한 책이 있다. 어떤 학자들은 순전히 자신의 전문 분야를 바탕으로 하여 세계관 개념을 분석하거나 세계관 유형을 열거하기도 한다. 이때 심지어 '세계관'이라는 용어를 쓰지 않기도 한다.

▶스티븐 페퍼Stephen C. Pepper,《세계 가설 *World Hypotheses: A Study in Evidence*》(University of California Press, 1942)

형이상학적 체계를 여섯 가지 가설(물활주의animism, 신비주의mysticism, 형태주의formism, 기계주의mechanism, 상황주의contextualism, 유기체주의organicism)로 상정한 후, 그 타당성을 하나씩 검토한다. 저자는 철학자의 관록을 살려서 그 검토 작업에 온 힘을 쏟는다.

▶ 아짓 쿠마르 신하Ajit Kumar Sinha, 《철학과 과학의 재결합을 통한 세계관 *World-View through a Reunion of Philosophy & Science*》(The Library of Philosophy, 1959)

저자는 창의적 목적론creative teleology이 실재를 가장 잘 설명한다는 제안을 내세운 뒤 자연 세계와 인간 현상의 여러 면모를 진단하고 있다. 그는 인도 철학자이면서 서양의 여러 철학자들 및 종교학자들과 대화를 시도한다.

▶ 마이클 커니Michael Kearney, 《세계관 *World View*》(Chandler & Sharp Publishers, 1984)

저자는 인류학자로서 '세계관'의 의미를 이론적으로 분석하는데, 그가 채택하는 분석 틀은 마르크스주의에서 연유한 역사적 유물론이다. 그는 자아, 타자, 관계, 분류, 인과율, 공간, 시간, 일곱 가지를 세계관을 구성하는 보편적 요소로 상정한 후 캘리포니아 인디언들의 세계관과 멕시코 농부들의 세계관을 설명하는 데 활용한다.

▶ 니니안 스마트, 《종교와 세계관》(이학사)

종교학자인 저자는 세계를 여섯 블록, 현대적 서구, 마르크스(구소련 붕괴 이전에 나온 책임을 기억할 것), 이슬람, 구 아시아, 남미, 아프리카로 나눈다. 그러고서는 개별 블록의 형성 요인으로 종교적 신념(저자에 따르면 세계관)을 제시한다.

일반 세계관 ② 복음주의 관점

둘째, 복음주의 신앙을 견지한 이들 중에 세계관적 분석 작업을 수행한 경우도 있다. 학문적 목적의 세계관 탐구서는 기독교를 표방하지 않는 이들만 쓴 것이 아니다. 앞서 소개한 네 권의 책은 그랬지만, 다음에 선보이는 세 권은 그리스도인이 학문적 노력을 기울인 결과 산출된 것들이다.

▶ 데이비드 노글,《세계관 그 개념의 역사》(CUP)
기독교 전반에 걸쳐 등장하는 세계관 개념이 어떤 철학적 발전 과정을 겪었는지 여러 방면에 걸쳐 탐구한 연구서이다. 저자가 복음주의적 신앙을 견지한 철학자로서 이러한 연구 작업을 수행했다는 점이 이채롭다.

▶ 제임스 사이어,《코끼리 이름 짓기》(한국IVP)

사이어는 이 책을 쓰게 된 계기를 두 가지로 밝힌다. 첫째, 다음에 소개되는 《기독교 세계관과 현대 사상》(영어 원본은 3판이 1997년에 간행됨)에서 세계관의 정의를 부적합하게 내렸다고 판정한 때문이다. 둘째, 바로 앞에 소개한 노글의 《세계관 그 개념의 역사》에 의해 자극을 받았기 때문이다. 그리하여 사이어는 28년 동안 견지해 온 세계관의 정의를 수정·보완한다.

▶ 폴 히버트, 《21세기 선교와 세계관의 변화》(복있는사람)
히버트는 우리에게 낯익은 선교학자인데, 이 책에서는 자신의 전문 분야인 문화 인류학에 관한 학문적 기량을 세계관 분석에 투입하고 있다. 부제가 암시하듯 사람의 변화는 궁극적으로 세계관의 변화에서 비롯된다고 주장한다.

일반 세계관 ③ 전전도 용도

셋째, 기독교를 소개하거나 복음 전도를 위해 일반 세계관을 분석한 책들도 많다. 이 분류에 속하는 책들은 사실상 전전도pre-evangelism를 염두에 두고 있다. 그리스도인을 둘러

싼 주변이 어떤 세계관으로 가득한지 설명한 뒤, 기독교 세계관의 내용을 도입하는 방식을 취한다.

▶ 제임스 사이어,《기독교 세계관과 현대 사상》(한국IVP)

이 책이 기독교 세계관의 교과서처럼 알려졌지만, 실은 다소 빗나간 이해나 생각이다. 영어 원제와 부제 *The Universe Next Door: A Basic Worldview Catalog*가 어느 정도 명시하듯, 우리의 이웃 우주를 어떻게 볼지에 대한 기본적인 세계관 목록 작성이 저자의 취지이다. 그래서 현대 서구 사회를 풍미하는 여덟 가지 세계관(기독교 유신론, 이신론, 자연주의, 허무주의, 실존주의, 동양 범신론적 일신론, 뉴에이지, 포스트모더니즘)을 묘사하고 기술하는 데 지면 대부분을 할애한다. 기독교 유신론을 명시적으로 추천하는 일은 마지막 10장에서야 등장한다. 따라서 이 책은 본격적인 기독교 세계관 저술이라기보다 오히려 일반 세계관의 분석서 성격이 더 강하다.

▶ 안점식,《세계관과 영적 전쟁》(죠이선교회)

이 책은 두 가지 면에서 장점이 있다. 첫째, 저자가 한국인이라서 한국 실정을 잘 알고 있고, 그래서 문제점 지적이나 해결 방안 제시가 "가려운 곳을 긁어 주기"에 안성맞춤이다. 둘째, 저자가 동양 철학과 동양 종교에 대해 전문적 식견을 갖추고 있어서 다른 책에서는 찾기 어려운 특이한 내용을 담고 있다. 주로 동양적 세계관에 대한 설명과 기술에 집중하고, 기독교의 소개는 끝부분 '맺음말'에만 나온다.

▶ 대로우 밀러·스탠 거스리Darrow L. Miller and Stan Guthrie,《열방을 제자 삼기Discipling the Nations: The Power of Truth to Transform Cultures》(YWAM Publishing, 2001)

이 책의 원제와 부제에는 '세계관'이라는 말이 없지만, 안으로 들어가면 첫머리부터 세 가지 세계관적 원형(성경적 신론, 세속주의, 물활론)을 대조적으로 소개한다. 그러고 나서 세계 빈곤, 우주, 신, 지식, 도덕, 자연, 인간, 공동체, 노동, 시간 등을 바라보는 세 가지 세계관의 차이점과 성경적 신론의 입장을 제시한다.

▶ 스티브 윌킨스·마크 샌포드,《은밀한 세계관》(한국IVP)

두 저자는 현재 북미 사회에서 심지어 그리스도인에게조차 영향을 미치고 있는 여덟 가지 세계관(개인주의, 소비주의, 국가주의, 상대주의, 자연주의, 뉴에이지, 부족주의, 심리 치료)을 거론한다. 원제는 "숨어 있는 세계관들 *Hidden Worldviews*"이며, 여덟 가지 세계관들의 감추인 상태를 좀 더 강조하고 있다. 마지막 두 장은 기독교 세계관의 핵심 내용 소개와 기독교 세계관을 지속적으로 개발하기 위한 제안(회고, 반성, 전망)에 할애하고 있다.

기독교 세계관이 무엇인지 밝히고 설명하는 책

오늘날 기독교 세계관에 관한 책들이 크게 늘고 있다. 기독교 세계관의 본질 규명에 천착하는지 아니면 기독교 세계관을 특정 영역에 적용하는 데 관심을 두는지에 따라, 또 전자라 하더라도 기독교 세계관의 어떤 요소나 측면에 집중하여 설명을 시도하는지에 따라 책 내용이 상당히 달라질 수 있기 때문이다. 이러한 다양한 요인을 염두에 두고서 기독교 세계관 책들 역시 세 범주로 나누어 보았다.

기독교 세계관 ① 기본 - 입문

첫째, 기독교 세계관의 주지主듭나 본질적 성격을 비교적 이해하기 쉽게 기술한 책이 있다. 기독교 세계관의 주지는 보통 '창조-타락-구속'으로 알려져 있다. 또 기독교 세계관은 종종 명제 형태로 제시되지만, 궁극적으로는 성경의 이야기에 기초하고 있다. 여러 저술가가 기독교 세계관의 이런 내용을 대중적 스타일로 펴냈다.

▶ 리차드 미들톤·브라이안 왈쉬, 《그리스도인의 비전》 (한국IVP)

미들톤과 왈쉬는 캐나다 여러 대학에서 한 강의를 기초로 이 책을 저술했다. 원제가 "비전의 변혁 *Transforming Vision*"인 이 책은, 성경적 세계관의 주지가 '창조-타락-구속'임을 밝힌 뒤 현대적 세계관의 문제점을 지적하고 해결책을 제시하는 내용으로 구성되어 있다.

▶ 알버트 월터스·마이클 고힌, 《창조·타락·구속》(한국 IVP)

이 책의 원제는 "되찾은 창조 *Creation Regained: Biblical Basics for a*

Reformational Worldview"이며, 번역판 제목보다 더 많은 내용을 시사하고 있다. 이 제목은 형식상으로는 밀턴John Milton (1608-1674)의 서사시《복락원*Paradise Regained*》을 흉내 냈으며, 내용상으로는 창조의 구조는 타락의 영향을 받지 않는다는 것과 구속에 의해 방향 전환만 이루어진다는 것을 암시하고 있다. 이 책의 백미는 구조와 방향에 대한 설명이다.

▶ 신국원,《니고데모의 안경》(한국IVP)

기독교 세계관의 주지인 '창조-타락-구속'을 한국인의 필치로 쉽게 풀어낸 책이다. 이 주지를 좀 더 이해하기 쉽도록 몇 가지 부연 주제(사람이 특별한 이유, 타락의 결과, 세상의 소망, 하나님 나라의 내림內臨, 하나님 나라 백성의 삶)를 덧붙였다.

▶ 송인규,《새로 쓴, 기독교, 세계, 관》(한국IVP)

저자는 기독교 세계관의 세 요소, '기독교(적 특성)'와 '(보는 대상으로서의) 세계'와 '(보는 일로서의) 관'을 용어 자체에서 추출한다. 또 골로새서 1:15-20에서 '창조-유지-화목'이라는 주지를 찾고, '하나님의 형상' 교리에 입각해 '만물'을 '자연, 인간, 사회, 문화'의 네 가지 범주로 대별한다.

▶마이클 고힌·크레이그 바르톨로뮤,《세계관은 이야기다》(한국IVP)

두 저자는 복음주의자들의 세계관이 주지주의적 경향으로 흐르는 것을 막기 위하여 세계관은 내러티브 형식을 가진 이야기로 표현되어야 한다고 주장한다. 이러한 취지를 고려하여 "세계관은 이야기다"라고 제목을 정한 것은 이해가 간다. 그런데 원제는 "교차로에서 사는 것*Living at the Crossroads: An Introduction to Christian Worldview*"이라서 서양 그리스도인들이 성경 이야기와 서구 이야기의 교차로에 서 있음을 환기하고 있다. 저자들은 성경적 세계관이 서구적 세계관의 도전을 능히 이겨낼 수 있다고 믿기에 이 책을 저술했다.

기독교 세계관 ② 전문-심화

둘째, 기독교 세계관의 내용을 좀 더 전문적이거나 학술적인 각도에서 저술한 책도 있다. 기독교 지도자들은 시대마다 전문 지식이나 학문 이론을 활용하여 세상 정신의 직·간접적 공세에 맞서야 한다. 이것은 기독교 세계관이라는 체계를 강조하면서도 가능하고, 기독교 세계관을 구성하는 요소나 기독교 세계관이 다루는 창조의 면모를 설명함으로써도 시도될 수 있다.

▶ 제임스 오르James Orr, 《하나님과 세계를 바라보는 기독교적 관점*The Christian View of God and the World*》(Kregel Publications, 1989)

저자는 20세기 초 당시 기독교가 진화론, 성경 비평론, 비교 종교 등에 의해 크게 위협을 받던 시기에 기독 신앙을 변호하며 크게 활약하던 신학자이다. 그는 어떤 이가 예수를 하나님의 아들로 믿는다면, 그는 하나님, 인간, 죄, 구속, 하나님의 목적, 인간의 운명과 관련해서 어떤 관점view을 전폭적으로 지지하는 셈이라고 말한다. 이것이 바로 '세계에 대한 기독교적 관점', 곧 기독교 세계관을 형성하게 된다는 것이다. 이러한 전반적 체계로서의 기독교, 곧 기독교 세계관만이 기독 신앙에 대한 당시의 공격에 맞설 수 있다고 보았다.

▶ 아더 홈즈, 《기독교 세계관》(솔로몬)

홈즈는 세계관의 윤곽을 형성하는 주제로, 창조 세계, 인간, 진리, 지식, 가치, 사회, 역사 등을 거론한다. 그런데 이런 주제를 설명하면서 신학·철학·과학 자료를 활용한다. 그의 전공이 철학이니만큼 이와 같은 시도는 합당할 뿐 아니라 적실하다.

▶ 이승구, 《기독교 세계관이란 무엇인가》(SFC 출판부)

저자는 기독교 세계관의 수립과 활성화에 필요한 신학적 기초를 제시하고 설명하는 일에 주력한다. 그리하여 '중생', '하나님의 나라', '창조', '인간', '진리', '윤리', '일' 등을 논한다.

기독교 세계관 ③ 적용

셋째, 기독교 세계관의 핵심 사상을 삶의 여러 영역에 적용하는 책들이 있다. 이런 책들은 대개 첫머리에서 기독교 세계관이 무엇인지 설명하고, 이어지는 내용은 실제 삶의 영역에서 기독교 세계관을 발휘하는 방안이나 지침에 집중한다.

▶ 양승훈, 《기독교적 세계관》(CUP)

저자는 1부에서 기독교 세계관의 세 가지 주지(창조, 타락, 구속)를 설명한 다음, 2부와 3부에서는 열두 가지 주제(인간, 죽음, 윤리, 역사, 결혼, 노동, 국가, 지식, 학문, 이데올로기, 과학, 기술)를 간략하고 이해하기 쉽게 다루고 있다.

▶ 찰스 콜슨·낸시 피어시,《그리스도인, 이제 어떻게 살 것인가》(요단출판사)

두 저자는 하나님께서 그리스도인에게 복음 전도뿐 아니라 문화적 갱신도 임무로 주셨다고 확신하는 이들이다. 1부는 세계관에 대한 서론적 내용을 기술하고, 기독교 세계관의 세 가지 주지인 창조, 타락, 구속에 대한 설명은 2·3·4부에서 본격적으로 다룬다. 그리고 회복을 말하는 5부에서는 문화적 갱신을 위해 앞서 언급한 세계관의 원칙(주지)들을 정치, 교육, 예술 등의 영역에 적용한다.

▶ 마이클 호튼,《개혁주의 기독교 세계관》(부흥과개혁사)

저자는 다른 책들과 달리 기독교 세계관의 주지를 '창조, 타락, 구속'으로 말하지 않고, 오히려 '하나님의 주권'이라는 거대 주제에서 출발한다. 그리고 이후 일곱 장에 걸쳐 '기독교와 문화', '기독교와 학문', '기독교와 예술', '기독교와 과학', '기독교와 직업', '기독교와 현대 세계'를 논한다.

▶ 제임스 케네디·제리 뉴컴D. James Kennedy and Jerry Newcombe,
《만유의 주 *Lord of All: Developing a Christian World-and-Life View*》
(Crossway Books, 2005)

두 저자 역시 대다수 기독 서적과는 달리 서두에서 '창
조, 타락, 구속'을 언급하지 않는다. 기독교 세계관도 좀 더
고전적인 방식을 좇아 "기독교 세계-인생-관Christian World-
and-Life View"이라고 표기한다. 이들은 현대 서구 사회에 만연
한 세계관을 자연주의, 세속주의, 인본주의로 상정하고, 타
락한 세상이라 할지라도 그 한 가운데에서 하나님의 주권
이 회복되어야 한다고 주장한다. 그러면 구체적으로 어떤
영역에서 하나님의 주권이 회복되어야 하는가? 이들은 주
저 없이 '세계, 인간, 국가, 학교, 교회, 가족', 여섯 영역을
거론한다.

세계관에 관한 책 읽기

앞서 분류한 범주 어디에도 속하지 않은 한 권을 소개하

면서 "세계관에 관한 책 읽기"를 닫으려 한다.

▶ 제임스 사이어,《어떻게 천천히 읽을 것인가》(이레서원)

이 책은 제목만 보아서는 세계관과 어떻게 연관이 되는지 알기가 힘들다. 그러나 사이어는 1장에서 이 책이《기독교 세계관과 현대 사상》의 후속편으로 간주될 수 있다고 밝힌다. 어떤 이들이 사이어에게 "어떻게 책을 읽어야 저자의 세계관을 분명하게 볼 수 있는지" 물었는데, 이 책이 바로 그 질문에 대한 답변이라는 것이다.

그는 책 읽기와 관련하여 글의 세 가지 종류, 사실문(2장), 시(3장), 소설(4장)을 구별하여 설명한다. 또 한 편의 작품을 더 잘 파악하기 위해서는 글이 처한 더 넓은 맥락을 읽어 내야 하는데, 5장에서는 이를 다섯 가지 항목(전기적 맥락, 문학적 맥락, 역사적 맥락, 사상적 맥락, 독자의 맥락)으로 정리하고 있다. 이 책이야말로 이번 장의 주제 "세계관에 관한 책 읽기"에 가장 잘 들어맞는 안내서라 할 수 있다.

지금까지 세계관 및 기독교 세계관에 대해 여러 종의 책자를 소개했지만, 아쉬움이 남는 것은 어쩔 수 없다. 그래서 부록을 마련했다. 여기 등장하는 네 권은, 책 제목에 꼭 "세계관"이라는 용어가 포함되어 있지 않거나 그저 희미하게 표현되어 있지만 기독교 세계관의 알짜배기 안내서로서는 손색이 없는, 그런 책들이다.

▶ 게리 필립스, 윌리엄 브라운 W. Gary Phillips & William E. Brown, 《당신의 세상을 파악하기: 성경적 세계관*Making Sense of Your World: A Biblical Worldview*》(Sheffield Publishing Company, 1991)

성경은 이 세상에 대해 무엇이라 말하고 있는지 성경적 세계관을 정립한 후, 이러한 성경적 견해를 우리가 사는 세상에 적용하도록 돕는다. 특히 자아, 가족, 교회, 세상에 초점을 맞추어 설명을 시도한다.

▶ 로널드 내쉬 Ronald H. Nash, 《세계관의 갈등: 사상의 세계에서 기독교를 선택하기*Worldview in Conflict: Choosing Christianity in A World of Ideas*》(Grand Rapids, Michigan: ZondervanPublishingHouse,

1992)

내쉬(1936-2006)는 대학과 신학원에서 변증, 윤리, 신학, 세계관 등의 분야를 50년 이상 가르쳤다. 그는 이 책자를 통해 왜 기독교 세계관을 택해야 하는지, 기독 신앙의 난점[악의 문제와 그리스도의 신인(神人, God-Man)됨]을 어떻게 다루어야 하는지, 경쟁적 세계관인 자연주의와 뉴 에이지 사상의 문제점이 무엇인지, 성육신과 부활의 참됨을 어떻게 변호해야 하는지에 대해 논리정연하고 명쾌한 가이드라인을 제시한다.

▶ 올리버 바클리,《세상 속의 그리스도인》(한국IVP)

원제는 《누구의 세상인가? *Whose World?*》이다. 바클리는 이 책의 초두에서 성경이 말하는 '세상'의 정체를 밝힌 뒤, 그 가르침을 정치, 윤리, 문화, 교육, 과학 기술, 결혼, 돈, 사회와 연관시킨다.

▶ 폴 마샬 지음, 김재영 옮김,《천국만이 내 집은 아닙니다》(한국IVP)

마샬은 정치학이 전문 분야지만 그리스도인의 세상살이에도 관심이 많다. 이 책의 부제는 "하나님의 창조 세계에서 살아가는 법을 배우기"이다. 비록 세상은 덧없고 악한 면모를 띠지만 동시에 하나님이 보존하시는 선한 대상이기도 하다는 것을, 책자 전반에서 부각시키고 있다.

▶ 마크 버트란드 J. Mark Bertrand, 《세계관을 (다시) 생각하기 (Re)thinking Worldview》(Crossway Books, 2007)

작가이자 교사인 저자는 학생들과 대화하듯이 책의 내용을 꾸몄다. 이런 방식을 통해 읽은 이들이 실재의 성격에 대한 자신의 견해를 재고하고 재평가하기를 제안한다. 또 '세계관'에 식상한 이들에게 다시금 새로운 기상으로 이 주제에 접근하도록 독려를 아끼지 않는다.

책갈피의 유형

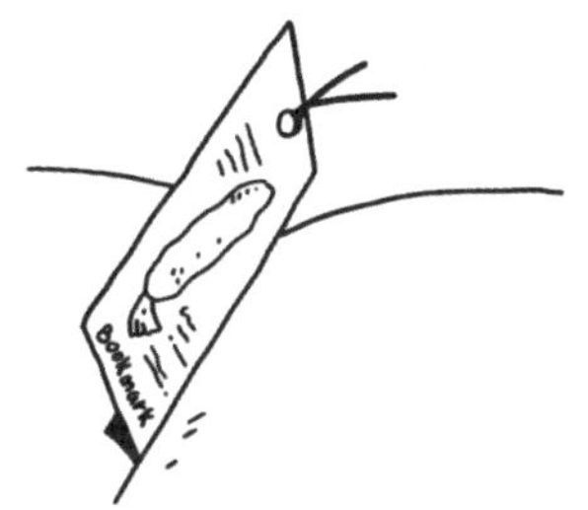

이상주의

낭만주의

실용주의

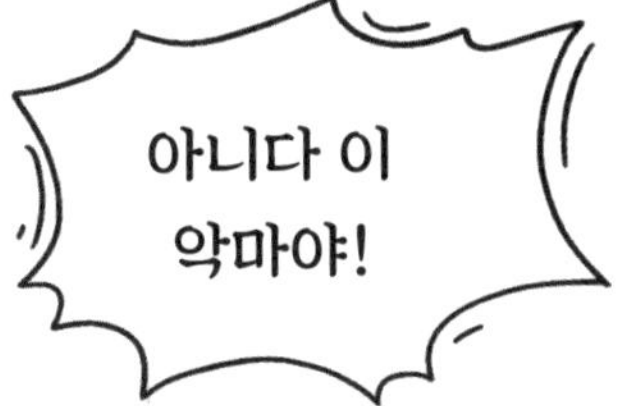

영성에 관한 책 읽기

오해를 풀고

이제는 훈련해서 길러야 할 역량이다.

‘영성靈性, spirituality’은 중요한 주제이지만, 어떤 이들은 기독 신앙과 관련하여 영성이란 용어를 쓰는 것조차 꺼리기도 한다. 그들의 우려는 영성이라는 용어가 가톨릭과 연관되어 있다는 생각 때문이기도 하고, 더 심하게는 종교 혼합적 색채를 반영한다고 여기기 때문이다. 그도 그럴 것이 불교의 영성이라든가 심지어 폭력의 영성이라는 표현까지 떠도는 실정이다.

이러한 염려가 전혀 이해되지 않는 바는 아니지만, 두 가지에 근거해 이 용어의 정당화를 시도하고자 한다. 첫째, 영성은 성경적 용어이므로 얼마든지 채택할 수 있다. 신약 성경에는 여러 곳에 “신령한spiritual”이라는 표현이 등장한다(롬 7:14; 고전 2:13; 엡 5:19 등). 그런데 “신령한”의 명사형은 “신령성spiritual-ity”이고 이것을 줄이면 “영성”이 된다. 둘째, 이 용어가 이미 그리스도인의 언사와 글과 담론에 빈번히 등장하므로 우리 대화와 소통에서 이 용어를 배제할 수가 없다. 혹자는 영성을 경건이라는 말로 대체하면 어떻겠느냐고 제안하지만, 두 용어 사이에는 의미 차이도 있고, 또 영성이 지칭하는 범위가 경건보다 훨씬 넓어서 이론적으로나 실제적으로나 합당한 조치라고 볼 수 없다. 따라서 나는 영성이라는 용어가 갖는 위험에도 불구하고 이 용어를 사용하고자 한다.

우선 "영성이란 영이신 하나님(특히 성령)께서 영적 존재인 인간과 관계를 맺으시고 지속적 역사를 이루심으로써 그의 심령 가운데 이루시는 신령한 상태이다"라고 정의 내리고자 한다. 이 정의를 배경으로 하여 영성 관련 서적을 여섯 범주로 나누어 소개한다.

영성 ① 신비주의

첫째, 신비주의mysticism의 본질과 의미를 다루는 책들이 있다. 신비주의는 "자연, 실재, 신과 관련하여 일어나는 초超일상적이고 초합리적인 경험의 추구" 정도로 묘사할 수 있는데, 한편으로 인간 실존의 비범하고 심원한 측면에 관심을 쏟는다는 점에서 영성과 유사하지만, 영성보다 좀 더 근본적이고 좀 더 근원적인 차원을 건드린다는 면에서 차이를 드러내기도 한다.

▶ 에블린 언더힐Evelyn Underhill, 《신비주의Mysticism》(E. P. Dutton & Co., Inc., 1961, 1911년에 처음 발간)

언더힐(1875-1941)은 문필가로도 명성을 날렸지만, 인간의 '영적 의식spiritual consciousness'이 무엇이며 어떻게 발전하는지에 천착한 탐구가로 (당시에는) 거의 독보적인 위치를 확보하고 있었다. 이 책에서는 신비주의의 성격을 밝히고 다섯 단계의 발전 과정을 설명하는 데 주력하고 있다.

▶ 리처드 우즈 엮음Richard Woods, ed.,《신비주의 이해하기 *Understanding Mysticism*》(Image Books, 1980)

편집자 우즈(1941-)는 도미니크 수도회 소속 신부이며, 독자들이 신비주의의 본질을 이해하도록 돕기 위하여 이 방면의 전문가들이 기술한 대표적 글들을 집대성했다. 먼저 신비주의에 대한 기본적 설명과 방법론적 이슈들을 소개한 후, 종교·과학·철학·신학 등 다방면의 연구 결과 중에서 정평이 난 글들을 엄선하여 선보인다.

▶ 월터 테렌스 스테이스Walter Terence Stace,《신비주의와 철학 *Mysticism and Philosophy*》(Jeremy P. Tarcher, Inc., 1960)

스테이스(1886-1967)는 이신론자로서, 신비주의의 본질이 '감정'이라는 버트런드 러셀의 이론에 반대하여 모든 신비주의적 경험에는 변화하지 않는 공통된 핵심이 있고

(이를 가리켜 '영존주의永存主義, perennialism'라 하는데), 이 공통된 핵심이 신비주의적 경험에 담긴 인지적 내용을 표현한다고 주장했다. 그는 신비적 경험은 하나이지만 그 안에 두 갈래가 있다고 보았고, 각각의 형태에 일곱 가지 공통점이 있음을 명시적으로 기술했다.

▶ 스티븐 카츠 엮음 Steven T. Katz, ed.,《신비주의와 철학적 분석*Mysticism and Philosophical Analysis*》(Oxford University Press, 1978)

이 책은 신비주의와 연관하여 회자되는 대가 3인인 스테이스, 재너(Robert Charles Zaener, 1918-1974), 스마트(Ninian Smart, 1927-2001)의 이론을 발판으로 하되 그 이상의 철학적 논의를 시도한 전문서이다. 이 책의 편집자인 유대교 철학자 카츠(1944-)는 신비주의에 대한 해석에 있어서 본질주의적 모델(essentialist model, 신비적 경험은 그 경험이 일어나는 사회 문화적·역사적·종교적 상황과 무관하게 발생한다고 보아 모든 신비적 경험을 본질상 똑같은 것으로 간주하는 이론. 스테이스와 스마트의 입장)을 배척하고, 상황주의적 모델(contextualist model, 신비주의적 경험은 신비가mystic가 기존의 개념을 그 경험에 가져오고 그 개념이 끼치는 영향에 의해 형성된다는 이론. 재너의 입장)을 내세운다.

▶ 데이비드 노울즈David Knowles, 《신비주의란 무엇인가? *What is Mysticism?*》(Sheed and Ward, 1979)

노울즈(1896-1974)는 영국의 베네딕트 수사이자 가톨릭 신부이며, 케임브리지대학교 역사학 교수이다. 그는 여러 신비가의 영적 경험을 신학적으로 분석하여 그것이 "충만한 은혜의 삶"이라고 해설한다.

▶ 마가렛 루이스 퍼스Margaret Lewis Furse, 《신비주의*Mysticism: Window on a World View*》(Abingdon, 1977)

퍼스는 대학에서 종교학 분야를 가르치는 교수이다. 대다수 전문가가 신비주의를 경험이라는 각도에서 고찰하는 데 반해, 저자는 신비주의를 세계관(실재에 대한 평가, 지식의 성격, 도덕적 삶의 성격 등)으로 조망하면서 그 내용을 파악한다. 우선 동양 종교에 대한 분석과 묘사를 바탕으로 하여 크리스천 신비주의의 근원을 추적한다.

▶ 윈프리드 코듀안Winfried Corduan, 《신비주의*Mysticism: An Evangelical Option?*》(Zondervan, 1991)

복음주의자인 코듀안(1949-)은 이 책의 전반부에서 신비주의의 정체를 밝히는 데 주력한다. 그는 모든 신비주의에는 어느 정도 공통된 핵심이 있고, 그것이 객관적 대상을 지칭한다고 보며, 언어를 수단으로 하여 최소한의 내용은 표현할 수 있다고 자신의 입장을 피력한다. 그러고 나서 기독교계와 신약성경 내의 신비주의에 대해 언급한다.

영성 ② 본질적 특성

둘째, 영성의 본질적 특성이 무엇인지를 천착하는 책들이 있다. 이 책자들은 대부분 영성이라는 용어를 사용하고 있지만 드물게 그런 표현 없이 영성을 논하는 경우도 있다.

▶ 루이스 스페리 체이퍼Lewis Sperry Chafer,《영적인 사람*He That Is Spiritual*》(Zondervan, 1967)

체이퍼(1871-1952)는 초기의 세대주의 지도자인데, 영성에 대한 성경적 교훈을 체계적으로 제시하고 있다.

▶ 워치만 니,《영에 속한 사람》(한국복음서원)

워치만 니(Watchman Nee, 倪柝聲, 1903-1972)는 지난 세기 중국 교회의 탁월한 지도자였다. 그는 이 책에서 삼분설에 기초하여 영적 삶의 원리와 실제를 풀어내고 있다. 일부 복음주의자들은 워치만 니의 삼분설이 비성경적이라고 여겨 비판적 입장을 취한다('영성'의 다섯 번째 범주-실제적 안내서에서《인간: 하나님의 형상》참조).

▶ 달라스 윌라드,《영성훈련》(은성)

철학자요 미국 남침례회 목회자인 윌라드(Dallas Willard, 1935-2013)는 오늘날의 그리스도인들이 몇 가지 훈련을 통해 얼마든지 영적으로 변화될 수 있다는 것을 자분자분 설명한다.

▶ 피터 툰Peter Toon,《영성이란 무엇인가?*What is Spirituality? And is it for me?*》(Daybreak, 1989)

피터 툰(1939-2009)은 성공회 내 복음주의 신학자로서, 이 책을 통해 영성의 의미와 정의, 영성의 목표, 영성에 이르는 방도 등을 논하고 있다.

▶ 알리스터 맥그래스,《기독교 영성 베이직》(대한기독교서회)

맥그래스(Alister E. McGrath, 1953-)는 크리스천 영성을

다루는 이 안내서에서 크리스천 영성의 유형, 신학의 일곱 가지 분야와 영성과의 관계, 교회 역사에 등장하는 영성의 대가들을 소개한다.

▶ 사이몬 찬,《영성 신학》(한국IVP)

찬Simon Chan은 싱가포르 출신의 오순절 교단 목사로서 트리니티신학대학에서 조직신학을 가르치고 있다. 그는 기독교 영성의 신학적 기반을 다지기 위해 하나님·인간·구원·교회에 관한 교리를 강설한 후, 영성 훈련의 실천적 사안들을 중요한 초점인 '하나님과 자아', '말씀', '세상' 등을 위주로 설명한다.

영성 ③ 분야와 전통

셋째, 영성의 형성 분야나 연관 영역 혹은 영적 전통을 몇 가지 범주로 나누어 해설하는 책들도 있다. 공교롭게도 이 해설서들은 마지막 작품을 제외하고는 모두 포스터(Richard J. Foster, 1942-)와 연관되어 있다.

▶ 리처드 포스터, 제임스 브라이언 스미스 엮음,《리처드 포스터가 묵상한 신앙 고전 52선》(두란노)

교회사를 장식한 위대한 경건 서적 중에서 52권을 선별한 후 다섯 가지 주제(기도로 충만한 생활, 덕이 있는 생활, 성령 충만한 생활, 사랑이 넘치는 생활, 말씀 중심의 생활)에 따라 서적들을 분류했다.

▶ 리처드 포스터,《생수의 강》(두란노)

기독교 영성을 형성을 여섯 가지 전통(묵상의 전통, 성결의 전통, 카리스마의 전통, 사회 정의의 전통, 복음 전도의 전통, 성육신의 전통)을 교회 역사, 성경, 현대라는 세 방면의 자료에서 끌어내어 소개한다.

▶ 리처드 포스터·게일 비비,《영성을 살다》(한국IVP)

하나님께 이르는 주요한 길을 일곱 가지(하나님을 향한 사랑의 질서 세우기, 여정, 타락으로 잃어버린 하나님에 대한 지식의 회복, 예수 그리스도와의 친밀한 관계, 하나님을 체험하는 바른 질서, 행동 그리고 관상, 영적 상승)로 제시한다.

▶ 케네스 리치,《하나님 체험》(청림출판)

이 책의 저자인 리치(Kenneth Leech, 1939-2015)는 성공회 신부인데, 사회적 관심과 깊이 있는 영성을 함께 추구한 인물로 알려져 있다. 《하나님 체험*Experiencing God*》은 《영혼의 친구*Soul Friend*》(아침영성지도연구원), 《마음으로 드리는 기도*True Prayer*》(은성)에 이은 세 번째 작품으로서, 하나님을 경험하는 열두 가지 양상('아브라함·이삭·야곱의 하나님', '예수의 하나님', '하나님, 그리스도 그리고 교회', '광야의 하나님', '구름과 암흑의 하나님', '물과 불의 하나님', '성육하신 하나님', '성례전적 하나님', '십자가에 못 박히신 하나님', '심연의 하나님', '어머니 하나님', '정의의 하나님')을 영성의 내용으로 제시한다.

영성 ④ 역사적 흐름과 주도적 인물

넷째, 기독교의 역사적 흐름이나 주도적 인물을 통해 영성의 다양한 면모를 파헤친 책들도 빼놓을 수 없다.

▶ 로완 윌리엄스, 《기독교 영성 입문》(은성)

윌리엄스(Rowan Williams, 1950-)는 웨일스 출신 성공회 신부로서 2002-2012년에는 캔터베리 대주교로 봉직하기도 했다. 이 책에서는 신약의 바울부터 시작하여 어거스틴, 버나드, 아퀴나스, 에크하르트, 루터를 거쳐 십자가의 요한 에 이르기까지 그들이 현시한 영성의 특징적 양상을 각자 의 신학 사상에 비추어 기술한다.

▶ 브래들리 P. 홀트,《기독교 영성사》(은성)

대학에서 종교학 분야를 가르치다 은퇴한 저자 홀트 (Bradley P. Holt, 1941-)는 이 책자에서 크리스천 영성에 대 한 간략한 역사를 서술하고자 했다. 서론으로 간주되어 마 땅한 처음 세 장을 지나면 4장부터 9장까지가 본격적으로 '역사' 부분에 해당이 된다. 저자는 초기, 유럽 중심기, 개신 교 및 가톨릭의 개혁기, 근대, 20세기 서구, 20세기 비서구 의 순으로 영성 관련의 인물, 시대상 및 동향을 묘사한다.

▶ 제럴드 싯처,《영성의 깊은 샘》(한국IVP)

싯처(Gerald L. Sittser, 1950-)는 현재 휘트워스대학에서 기독교 역사를 가르치고 있다. 이 책에서 저자는 교회사의 흐름을 좇아 초대교회부터 시작하여 20세기에 이르기까 지 각 시대의 지도적 인물들에게서 찾아볼 수 있는 영성의 특징들을 생동감 있게 기술한다.

영성 ⑤ 실제적 안내서

다섯째, 영성 계발이나 영적 형성과 관련한 실제적 안내서들이 있다.

▶ 레날드 맥컬리·제람 바즈,《인간: 하나님의 형상》(한국 IVP)

맥컬리(Ranald Macaulay)와 바즈(Jerram Barrs, 1945-)는 오랫동안 영국의 라브리 사역자였다(맥컬리는 쉐퍼의 사위이기도 하다). 이 책은 언뜻 보기에 영성과 무관하게 보이지만, 책의 내용을 찬찬히 읽어 보면 오늘날 그리스도인이 지향해야 할 영성의 방향과 성격이 명확하게 제시되어 있다.

▶ 리처드 포스터,《영적 훈련과 성장》(생명의말씀사)

포스터는 퀘이커 전통의 신학자로서 20세기 후반 복음주의계에 영성 훈련 분야의 뛰어난 해설자·안내자로 자리매김했다. 그런 위상을 부여한 첫 작품이 바로 이 책이다. 포스터는 영적 훈련의 분야를 세 가지로 대별하는데, 내적 훈련(묵상, 기도, 금식·학습), 외적 훈련(단순성, 홀로 있기, 복종, 섬김), 단체 훈련(고백, 예배, 인도 받기, 축제)이 그것이다.

▶ 로렌스 리처드Lawrence O. Richards,《영성의 실천신학*A Practical Theology of Spirituality*》(Zondervan Publishing House: Academia Books, 1987)

리처드(1931-2016)는 다양한 복음주의적 전통 가운데 훈련받고 활동한 기독교 교육의 대가이다. 이 책 역시 교육가의 특징을 물씬 풍기고 있다. 1부에서는 영성이 무엇인지 밝히고, 2부에서는 그 영성을 어떻게 계발할지 일곱 분야(주제)에 걸쳐 설명을 시도한다.

▶ 케네스 갠젤·제임스 윌호이트 엮음Kenneth O. Gangel and James C. Wilhoit, eds.,《기독교 교육가를 위한 영성 형성에 관한 안내서*The Christian Educator's Handbook on Spiritual Formation*》(Baker Books, 1997)

갠젤(1935-2009)과 윌호이트 역시 둘 다 기독교 교육 전문가이다. 두 저자는 기독교 교사가 영적 형성이 무엇인지 '감'을 잡게 하려고, 각 방면의 지도자 스물다섯 명이 이 주제와 연관해 다각적으로 기술한 글들을 집대성했다.

▶ 애들 알버그 칼훈,《영성 훈련 핸드북》(한국IVP)

칼훈(Adele Ahlberg Calhoun, 1949-)은 학생 사역자와 목

회자로서 영적 훈련 분야를 30년 넘게 지도하고 가르쳐 왔다. 이 책자는 영성 훈련을 실시하는 데 연관되는 62개 주제를 일곱 가지 분야(예배하기, 하나님께 나를 열기, 거짓 자아 포기하기, 다른 사람들과 내 삶을 나누기, 하나님의 말씀 듣기, 그리스도의 사랑을 실천하기, 기도하기)로 나누어 매우 구체적이고 실제적인 가이드라인을 제공하고 있다.

영성 ⑥ 유진 피터슨

여섯째, 끝으로 유진 피터슨의 영성 관련 책들도 일별하는 것이 필요하다. 피터슨(Eugene H. Peterson, 1932-2018)은 성경의 현대 미국식 영어판인 《메시지*Message*》의 번역자로 유명하다. 그는 29년 동안(1962-1991년) '그리스도우리왕 장로교회'의 목회자로 사역했고, 그 후 6년간(1992-1998년)은 캐나다 리젠트대학에서 영성신학 교수로 가르쳤다. 그가 쓴 어떤 책도 영성이라는 주제와 떼어 놓기가 쉽지 않지만, 그중에서도 가장 연관성이 깊다고 여겨지는 책들을 소개한다. 이들은 모두 한국IVP에서 출간되었다.

▶《한 길 가는 순례자》

그리스도인의 신앙 여정을 열다섯 가지 노래로 풀어내
고 있다.

▶《다윗: 현실에 뿌리박은 영성》

다윗이 하나님과 동행하는 삶에서 영성의 핵심과 비결
을 찾고 있다.

▶ 유진 피터슨의 영성 시리즈

《현실, 하나님의 세계: 영성 신학》

창조·역사·공동체 안에서 놀이하시는 그리스도가 영성
신학의 주된 초점임을 밝힌다.

《이 책을 먹으라: 영적 독서》

성경을 읽고 묵상한다는 것의 진수가 무엇인지를 설명
한다.

《그 길을 걸으라: 제자도》

무엇이 예수님을 좇는 길이고 무엇이 반대되는 길인지
성경 인물을 통해 예시해 준다.

《비유로 말하라: 언어의 영성》

비유와 기도라는 예수님의 발화 내용을 언어와 언어 사

용의 각도에서 풀어내고 있다.

《부활을 살라: 영적 성숙》

에베소서의 메시지를 영적 성숙의 각도에서 조망하면서, 그리스도의 부활이 영적 성숙의 토대임을 상기시킨다.

거슬리다

판형이 이단이네!

학문과 신앙에 관한 책 읽기

진리는 진리로 수렴한다.

‘학문學問, scholarship’은 어떤 분야에 대한 체계적 지식을 뜻하는데, 통상 인문과학, 사회과학, 자연과학으로 범주화된다. 다소 논란은 있으나 인문과학은 언어, 문학, 예술, 철학, 역사, 법학, 종교학 분야를, 사회과학은 인류학, 고고학, 사회학, 심리학, 경제학, 경영학, 정치학 분야를, 자연과학은 수학, 물리학, 화학, 생물학, 의학, 지구 과학, 우주 과학과 각종 공학 분야를 포함한다.

‘신앙faith’은 보통 ‘신념belief’과 ‘신뢰trust’로 나누어 생각한다. 신념은 어떤 이가 받아들이는 믿음의 내용이며, 신뢰는 그런 신념과 연관된 인격적 대상을 의존하고 숭앙하는 마음가짐이다. “나는 하나님께서 나를 사랑하신다고 믿는다”라는 진술의 경우, “하나님께서 나를 사랑하심”은 신념에 해당하고, 그 신념에 나타난 하나님을 인정하고 의존하는 것은 신뢰와 연관된다. 그런데 지금 우리는 학문과의 연관성을 논하고 있으므로, 신뢰보다는 신념에 초점을 맞출 것이다.

그렇다면 이번 장에서 다루는 ‘학문과 신앙’이란 전공 분야의 이론이나 주장과 기독 신앙의 크고 작은 신념 조항 사이의 관계 문제이다. 이 문제는 크게 세 가지 규모로 표현할 수 있다. 첫째, 메가급 규모의 학문과 신앙 문제이다.

이것은 학문의 탐구 영역 및 이론화 내용과 기독 신앙의 근본 진리들 사이에 어떤 관계가 성립되느냐 하는 문제이다. 이런 규모의 논의는 다른 학문 분야보다 주로 자연과학과 기독 신앙 사이에서 활발히 이루어져 왔다. 구체적으로 말해서, 과학과 신앙 사이의 관계 형성 패턴을 전투·갈등, 일치·조화, 공명·대화 등으로 묘사하는 것이 이에 해당한다. 둘째, 중간 크기 규모에서 발생하는(또는 거론되는) 학문과 신앙 문제이다. 이 규모 논의에서는 특정 전공과목과 기독교 신념 체계(신학, 교리 등) 사이의 연관성이 관심의 초점으로 등장한다. 예를 들어, 심리학은 이 규모의 논의를 극명히 드러내는 분야이다. 소위 '심리학과 기독 신앙의 통합'은 이런 논의의 전형적 예라고 할 수 있다. 이것은 또 분야를 바꾸어 가며 '사회학과 기독교', '철학과 기독교' 식으로 등장하기도 한다. 셋째, 학문과 신앙의 문제는 국부적 규모로서도 발생할 수 있다. '국부적'은 다소 모호한 표현이라서 어떨 때는 '소규모'란 뜻도 되고, 어떨 때는 정도가 매우 낮아 '지엽적'이란 뜻도 된다. 이 규모에서의 문제는 (자연과학 관련 쟁점을 끄집어낸다면) 지구의 연대와 창세기 1장의 해석(소규모)에 관한 것이거나 베들레헴에 출현한 별의 정체(지엽적)에 관한 것으로 표출된다.

학문과 신앙에 관한 책의 소개는 앞서 적었듯 범주별로도 할 수 있고 아니면 규모별로도 가능하다. 그런데 실제 출간된 연관 서적을 두루 살펴보면 범주나 규모별로 맺고 끊듯이 정확히 구별되지 않는다. 따라서 나는 어느 한 방안만을 고집하지 않고 필요에 따라 둘 사이를 넘나들며 연관 서적을 선보이려고 한다.

학문과 신앙 ① 학문 전반과 기독 신앙

맨 처음에 거론되는 책들은 어느 한 전공 분야나 과목이 아니라 학문 전반에 대해 말하거나 몇 가지 연계 분야를 종합적으로 논하는 유형의 책이다.

▶ 로이 클라우저,《종교적 중립성의 신화》(아바서원)

많은 이들은 그리스도인이든 아니든, 학자이든 비전문가이든 학문의 이론화 작업이 순전히 객관적이고 중립적(혹은 가치 배제적)인 행위라고 오해한다. 이 책은 그러한 '신화'를 여지없이 깨부순다.

▶ 더글라스 제이콥슨·론다 허스테트 제이콥슨Douglas Jacobsen and Rhonda Hustedt Jacobsen,《학문과 기독 신앙 *Scholarship and Christian Faith: Enlarging the Conversation*》(Oxford University Press, 2004)

학문과 신앙에 관한 대다수 논의는 개혁파나 복음주의 전통을 바탕으로 '통합' 모델의 기치 아래 이루어졌다. 이러한 편향적 사태를 보완하고자 이 책의 저자와 기고자들은 다른 신앙 전통들, 가톨릭, 루터파, 재세례파, 웨슬리파, 오순절파 등에서도 기독교적 학문 활동에 대한 통찰을 얻으려 한다.

▶ 조지 마스덴,《기독교적 학문 연구@현대 학문 세계》(한국IVP)

북미 학문계의 풍조가 종교 배제적 방침에 크게 좌우되고 있음을 고려할 때, '기독교적' 학문 활동을 운운하는 것은 '터무니없는outrageous' 일로 여겨진다. 이를 반영한 원제 역시 "기독교적 학문이라는 터무니없는 발상 *The Outrageous Idea of Christian Scholarship*"이다. 그런 점에서 이 책은 기독교적 관점에서 학문 활동을 한다는 것이 무엇인지를 확연히 드러내 보이는 역작이다.

▶ 로버트 A. 해리스, 《신앙과 학문의 통합》(예영커뮤니케이션)

이 책은 기독교 세계관을 근간으로 하여 신앙과 학문의 통합 이론을 발전시킨 훌륭한 책이다. 기독교 세계관이 신앙과 학문의 통합에 어떻게 기여하는지를 자세하고도 꼼꼼하게 알려 준다.

▶ 플로이드 D. 크렌쇼·존 A. 플랜더스 엮음 Floyd D. Crenshaw and John A. Flanders, eds., 《기독교적 가치와 전공 과목 *Christian Values and the Academic Disciplines*》(University Press of America, 1984)

1982년 8월 중앙감리교대학 Central Methodist College 교수들이 모여 교수 수련회를 했는데, 이 책자는 그때 모은 발표문들을 집대성한 것이다. 전공과목의 범주를 네 가지(인문학, 사회과학, 자연과학, 교육)로 나눈 점이 특이하다.

▶ 데이비드 다커리·그레고리 앨런 톤버리 엮음 David S. Dockery and Gregory Alan Thornbury, eds., 《기독교 세계관 형성 *Shaping A Christian Worldview: The Foundations of Christian Higher Education*》(Broadman & Holman Publishers, 2002)

남침례교 계통의 사립 대학인 유니언대학교 Union University

의 교수진이 전공과목들을 기독교적 관점에서 조망했다. 1부에서는 토대를 다루고, 2부에서는 여러 전공과목을 기독교 세계관과 연관해 설명한다.

▶ 로버트 W. 스미스 엮음 Robert W. Smith, ed., 《그리스도와 현대 지성 *Christ & Modern Mind*》(InterVarsity Press, 1972)

이 책은 제목이 암시하듯 그리스도께서 현대 지성 또한 다스리신다는 것이다. 대학 커리큘럼을 세 부분(인문과학-아홉 분야, 사회과학-여덟 분야, 자연과학-다섯 분야)으로 나눈 후 각 분야 전문 교수들이 기독교와의 관련성을 여러 각도에서 설명한다.

▶ 아서 홈즈 엮음 Arthur Holmes, ed., 《크리스천 마인드 만들기 *The Making of a Christian Mind: A Christian World View & the Academic Enterprise*》(InterVarsity Press, 1985)

휘튼대학은 1985년에 개교 125주년을 맞아 교수 다섯 명에 의뢰해 기독교 세계관에 입각한 전공 공부가 어떤 것인지를 기술했다. 다섯 분야는 철학, 역사, 물리학, 심리학, 창작 예술이다.

▶ 해롤드 헤이·데이빗 L. 울프 엮음 Harold Heie and David L. Wolfe, eds., 《기독교적 배움의 실재 *The Reality of Christian Learning: Strategies for Faith-Discipline Integration*》(William B. Eerdmans Publishing Co., 1987)

이 책은 학문과 신앙을 통합한다는 것이 무엇인지 먼저 밝힌 다음, 일곱 분야에 걸쳐 제대로 된 통합의 면모를 내보인다. 일곱 분야는 정치학, 사회학, 심리학, 생물학, 수학, 예술, 철학이다.

▶ 카르스텐 페터 티데 엮음, 《신앙과 학문》(기독교대학설립동역회 출판부, 1991)

독일인 교수 일곱 명이 쓴 학문과 신앙 관련 에세이를 빌레펠트대학교 Bielefeld University의 한국인 유학생들이 번역한 책이다. 에세이의 전문 분야는 법학, 정치학, 물리학, 경제학, 심리학, 신학, 문예학이다.

▶ 신앙의 눈으로 본 시리즈

학문과 신앙의 연관성을 구체적으로 밝힌 이 시리즈는 일곱 권으로 구성되어 있다. 원래 이 시리즈는 기독대학연맹(Christian College Coalition, 1999년부터는 명칭이 기독대학협

의회Council for Christian Colleges and Universities로 바뀜)에 의해 1987년부터 1993년까지 발간되었다. 그 일곱 권의 목록은 다음과 같으며, 모두 한국IVP에서 출간되었다.

1. 로널드 웰즈,《신앙의 눈으로 본 역사》

2. 데이비스 마이어스·말콤 지브스,《신앙의 눈으로 본 심리학》

3. 해럴드 베스트,《신앙의 눈으로 본 음악》

4. 리처드 라이트,《신앙의 눈으로 본 생물학》

5. 수잔 갤러리·로저 런든,《신앙의 눈으로 본 문학》

6. 데이비드 프레이저·토니 캠폴로,《신앙의 눈으로 본 사회학》

7. 리처드 츄닝·존 에비·셜리 로엘즈,《신앙의 눈으로 본 경영》

제임스 브래들리와 러셀 하웰James Bradley and Russell Howell이 쓴 이 시리즈의 마지막 권인《신앙의 눈으로 본 수학*Mathematics through the Eyes of Faith*》(Harper One, 2011)은 우리말로 번역되지 않았다.

학문과 신앙 ② 철학과 기독 신앙

첫 책은 철학과 기독 신앙의 관계를 규명하는 다양한 입장을 소개한다.

▶ 폴 굴드·리처드 브라이언 데이비스 엮음 Paul M. Gould and Richard Brian Davis, eds., 《기독교와 철학을 바라보는 네 관점 *Four Views on Christianity and Philosophy*》(Zondervan, 2016)

기독교와 철학의 관계를 밝히는 이 책은 카운터포인트 시리즈 중 한 권이다. 네 주창자는 기독교와 철학의 관계를 각자의 모델(갈등 conflict 모델, 언약 covenant 모델, 수렴 convergence 모델, 적응 conformation 모델)에 따라 서로 다르게 설명한다.

다음 책들은 저자가 나름대로 철학의 내용을 기독 신앙과 연관시킨(또는 통합한) 결과물이다.

▶ 노만 가이슬러·폴 파인버그 Norman L. Geisler and Paul D. Feinberg, 《철학 입문 *Introduction to Philosophy: A Christian Perspective*》(Baker Book House, 1980)

철학과 신학의 내용을 의미 있게 연접시킨 이 책은 5부

로 구성되어 있다. 1부가 서론 격이고 나머지 4부는 인식
론, 형이상학, 종교 철학, 윤리학에 해당한다.

▶ 마이클 피터슨 외,《종교의 철학적 의미》(이화여자대학교
출판부)

그리스도인 교수 네 명이 분석 철학 전통에 입각해서 종
교 철학적 주제 열여섯 가지를 다룬다. 기독교적 입장에서
종교 철학을 논한 전문서 가운데 가장 탁월한 책임에 틀림
이 없다.

▶ J. P. 모어랜드, 윌리엄 레인 크레이그,《기독교 철학》
(CLC)

원서의 제목에 "기독교 세계관*Philosophical Foundations for a
Christian Worldview*"이 들어가 있어서 이 방면의 서적으로 오해
할 수 있으나, 실제로는 수준과 내용에서 절대 뒤떨어지지
않는 기독교 철학 해설서이다. 6부로 구성되어 있으며, 논
리학, 인식론, 형이상학, 과학 철학, 윤리학, 종교 철학(및 철
학 신학), 여섯 분야를 골고루 다룬다.

▶ 가렛 J. 드위즈Garrett J. DeWeese,《그리스도인으로 철학 하

기|*Doing Philosophy as a Christian*》(IVP Academic, 2011)

미국IVP에서 발간한 "기독교 세계관 통합Christian Worldview Integration" 시리즈 가운데 한 권으로, 철학에 흥미를 느끼거나 전공으로 하는 그리스도인 학생과 새내기 학자를 위해 저술되었다. 철학의 하위 영역 가운데 다섯 분야(형이상학, 인식론, 윤리와 미학, 심리 철학, 과학 철학)를 다룬다.

학문과 신앙 ③ 심리학과 기독 신앙

우선 둘 사이의 관계에 대해 다양한 견해를 소개하는 책부터 알아보자.

▶ 에릭 존슨, 《심리학과 기독교 어떤 관계인가》(부흥과개혁사)

미국IVP가 시리즈로 발간하는 "스펙트럼 멀티뷰Spectrum Multiview Books"의 한 권으로, 다섯 전문가가 자기 입장에 근거해 심리학과 기독교의 관계를 설명한다. 다섯 가지 견해는 1. 설명 수준 견해levels-of-explanation view, 2. 통합 견해integration view, 3. 기독교 심리학 견해Christian psychology view, 4. 변혁적 심리학 견해transformational psychology view, 5. 성경적 상담 견해Biblical counseling view이다.

다음에 이어지는 네 권은 모두 심리학과 신학(또는 기독 신앙)의 통합에 관한 책이다.

▶ 존 D. 카터·브루스 내러모어John D. Carter and Bruce Narramore, 《심리학과 신학의 통합 *The Integration of Psychology and Theology: An Introduction*》(Zondervan Publishing House, 1979)

이 책자는 심리학과 기독 신앙의 통합 문제를 다루는 Rosemead Psychology Series 가운데 한 권이다. 두 저자는 심리학과 기독 신앙 사이의 바람직하지 않은 모델로서 '적대against 모델', '종속of 모델', '평행parallel 모델'을 소개한 후 끝으로 자신들의 입장인 '통합integrate 모델'을 제시한다.

▶ 게리 콜린스Gary R. Collins, 《심리학과 신학 *Psychology & Theology: Prospects for Integration*》(Abingdon Press, 1981)

저자는 심리학과 신학의 통합을 위해 접근법, 적용, 근접적 제안(다른 이들의 반응), 진척 등의 순서로 논의를 진행한다. 이 책은 원래 1979년에 열린 풀러신학교 제9차 심리학

과 종교 Finch 심포지엄에서 강의한 내용을 기반으로 구
성되었다.

▶ 커크 E. 팬스워드Kirk E. Farnsworth,《심리학과 신학의 통합
Integrating Psychology and Theology: Elbows Together But Hearts Apart》(University
of America, 1981)

이 책 역시 심리학과 신학의 통합을 말하나 저자가 명명
한 "구체적 통합embodied integration"은 훨씬 심층적이고 인간
본유적인 성격을 띤다. 혹자는 이런 통합 모델을 "변혁적
심리학 모델"이라고 부른다.

▶ 데이비드 N. 엔트위슬David N. Entwistle,《심리학과 기독교
의 통합적 접근*Integrative Approaches to Psychology and Christianity: An
Introduction to Worldview Issues, Philosophical Foundations, and Models of
Integration*》(Wipf and Stock Publishers, 2004)

저자는 심리학과 기독교의 관계를 묘사하면서 먼저 자
신의 견해가 '적군', '스파이', '식민주의자', 그리고 '중립
파'는 아니라고 말한다. 오히려 자신은 '동료' 모델이라고
밝히는데, 이것은 세계관적 · 토대적 · 학제적 · 응용적 ·
공적 측면에서의 통합을 포함한다.

끝으로 다음 세 권은 심리학과 기독교를 특정한 모델에 근거해 연관시킨 예들이다.

▶ 말콤 지브스Malcolm A. Jeeves, 《심리학과 기독교 Psychology and Christianity: The View Both Ways》(Inter-Varsity Press, 1976)

저자는 심리학과 기독교의 관계를 설명 수준 견해levels-of-explanation view [혹은 상보적 견해complementarian view, 또 혹은 관점주의 perspectivalism]에서 설명한다. 인간은 한편으로는 물리적·화학적·생물학적 존재이지만, 동시에 또 한편으로는 심리적·사회적·영적 존재이므로 서로 연관되지 않은 각각의 독자적 관점에서 탐구 대상이 된다는 것이다.

▶ 로날드 L. 코테스키Ronald L. Koteskey, 《기독교적 관점에서 바라본 심리학 Psychology from a Christian Perspective》(Abingdon, 1980)

기독교와 양립 가능한 심리학 이론들은 얼마든지 기독교적 진리 체계 안으로 영입할 수 있다는 것이 저자의 소신이다. 저자는 이러한 통합적 견지에서 지각, 인지 과정, 동기 유발, 성격, 적응, 사회 심리학의 주제를 다룬다.

▶ C. 스티븐 에반스 C. Stephen Evans, 《심리학에서의 지혜와

인간미*Wisdom and Humanness in Psychology: Prospects for a Christian Approach*》(Baker Book House, 1989)

저자는 심리학의 주도적 패러다임인 경험론이 기독 신앙과의 의미 있는 통합을 가로막고 있다고 역설한다. 심리학에 지혜와 인간미를 도입해야 한다는 그의 통합 방법론은 그를 기독교 심리학 견해의 대표적 주창자로 만들어 주었다.

이제 마지막으로 심리학과 연계 분야인 상담학의 경우 기독 신앙과의 만남을 어떻게 주선하는지 알아보자. 두 권의 전문 서적을 소개하고자 한다.

▶마크 맥민·채규만,《심리학, 신학, 영성이 하나 된 기독교 상담》(두란노)

이 책은 원래 마크 맥민*Mark R. McMinn*의 개인 저술인《기독교 상담에서의 심리학, 신학 그리고 영성*Psychology, Theology, and Spirituality in Christian Counseling*》(Tyndale House Publishers, Inc., 1996)이었으나, 번역자의 글(9장과 10장)이 추가되면서 공저 형태로 탈바꿈했다. 저자는 기독교 상담에 심리학, 신학, 영성이 통합되어야 함을 누누이 강조한다.

▶ 스티븐 그레고 · 티모디 시서모어Stephen P. Greggo and Timothy A. Sisemore 엮음,《상담과 기독교: 다섯 가지 접근Counseling and Christianity: Five Approaches》(IVP Academic, 2012)

이 책은 바로 앞에서 소개한《심리학과 기독교 어떤 관계인가》에서 제시한 다섯 가지 견해를 모델로 삼아 상담학 분야에서 다양한 접근을 시도한 작품이다. 다섯 가지 접근 방식은 심리학의 경우와 명칭이 비슷한데, 1. 설명 수준 접근, 2. 통합 접근, 3. 기독교 심리학 접근, 4. 변혁적 접근, 5. 성경적 상담 접근으로 되어 있다.

학문과 신앙 ④ 사회학과 기독 신앙

▶ 데이비드 라이언David Lyon,《그리스도인과 사회학Christians and Sociology》(Inter-Varsity Press, 1975)

"사회학을 기독교적 관점에서 볼 수 있을까?"라는 질문에 저자는 확고한 태도로 "예!"라고 답변한다. 여기에는 그리스도인이 사회학으로부터 무언가를 배울 수 있다는 것, 사회학이 던지는 도전에 응수할 수 있다는 것, 그리고 기독교가 인간과 사회 이해의 면에서 독특한 기여를 할 수 있다는 것이 포함되어 있다.

▶ S. D. 기드 S. D. Gaede, 《신들이 살 수 있는 곳 Where Gods May Dwell: On Understanding the Human Condition》(Zondervan Publishing House, 1985)

저자는 학문의 이론화 작업에 있어 전제가 결과에 미치는 지대한 영향력을 절감하기 때문에 이 책의 1부에서 주류 사회학이 (거의 부정하지만 은연중에 견지하고 있는) 전제들의 내용과 그렇게 된 내력을 속속들이 파헤친다. 그리고 2부에서는 인간관계라는 특정 주제를 거론함으로써 그리스도인들이 비그리스도인과 다른 종류의 사회학을 창출할 수 있고 또 해야 한다고 주장한다.

▶ 리처드 퍼킨스 Richard Perkins, 《두 가지 길을 모두 살펴보기 Looking Both Ways: Exploring the Interface Between Christianity and Sociology》(Baker Book House, 1987)

책 제목이 보여 주듯 저자는 사회적 실상을 아는 데 기독교적 관점과 사회적 관점 모두가 필요하다고 주장한다. 이 점을 입증하기 위해 저자는 "사회적 세계는 인간이 구성한 것이다"라는 상대주의적 명제와 "세상은 하나님의 창조이다"라는 종교적 이념이 어떻게 조화될 수 있는지 설득력 있는 설명을 시도한다.

▶ 라이오넬 매튜스Lionel Matthews,《사회학Sociology: A Seventh-Day Adventist Approach for Students and Teachers》(Andrews University Press, 2006)

특이하게도 안식교 전통의 사회학자가 사회학 관점과 기독 신앙의 통합이 가능함을 설명하기 위해 썼다. 내용이 전체적으로 유익하지만 책의 가치를 더욱 빛내는 부분은, 사회학의 기원과 기본 전제들을 낱낱이 파헤치는 2장과 사회학과 신앙의 통합 방도를 예시하는 4장이 아닌가 한다.

학문과 신앙 ⑤ 자연과학과 기독 신앙

이 분야의 첫 책 역시 과학과 기독교가 어떤 관계를 설정할 수 있는지를 보여 주는 안내서이다.

▶ 리챠드 칼슨,《현대과학과 기독교의 논쟁》(살림)
이 책에 등장하는 기독교 지도자 네 명은 과학과 기독교

와의 관계를 자신의 신념에 따라 아래 중 어느 하나로 상
정한다. **창조론** creationism: 무오한 성경과 효과적인 과학. **독립**
independence: 과학과 기독교 신학 관계에 있어서의 상호 겸손.
제한적 동의 qualified agreement: 현대 과학과 "신 가설"의 복귀. **동
반** partnership: 과학과 기독교 신학은 이론 형성에 있어서의
동반자.

다음 세 권은 모두 과학과 신앙의 관계에 대한 유형 이
론을 담고 있다.

▶ 이언 바버, 《과학이 종교를 만날 때》(김영사)

바버(Ian G. Barbour, 1923-2013)는 과학-신앙 유형론의
원조인데, 이 책에서 갈등 conflict, 독립 independence, 대화 dialogue,
통합 integration의 네 가지 유형을 제시했다. 그러고 나서 천문
학과 창조, 양자 물리학의 의미, 진화와 지속적 창조, 유전
학·뇌과학·인간 본성, 하나님과 자연 등의 주제에서 네
가지 유형이 어떤 식으로 나타나는지 설명한다. 바버의 유
형론은 이후의 지도자들, 폴킹혼(John Polkinghorne, 1930-),
호트(John Haught, 1942-), 맥그래스(Alister E. McGrath,
1953-) 등에게 지울 수 없는 영향을 끼쳤다.

▶ 리처드 H. 부브Richard H. Bube, 《모두 함께 모아*Putting It All Together: Seven Patterns for Relating Science and the Christian Faith*》(University Press of America, 1995)

저자는 이 책자에서 참된 과학과 참된 기독교 신학이 무엇인지 묘사한 후 둘 사이에 나타나는 여러 가지 패턴을 다음과 같이 일곱 가지로 정리한다. 이 가운데 마지막 패턴이 저자의 입장이다. 패턴 1: 과학이 기독교 신학을 망가뜨렸다. 패턴 2: 과학에도 불구하고 기독교 신학은 수립된다. 패턴 3: 과학과 기독교 신학 사이에는 아무 연관이 없다. 패턴 4: 과학은 기독교 신학을 필요로 한다. 패턴 5: 과학은 기독교 신학을 재정의한다. 패턴 6: 과학과 기독교 신학을 새로이 종합한다. 패턴 7: 기독교 신학과 과학은 각각의 통찰력을 상보적으로 통합한다.

▶ 닐스 헨릭 그레게르센 · J. 벤첼 반 후이스틴 엮음Niels Henrik Gregersen and J. Wentzel van Huyssteen, eds., 《신학과 과학을 다시 생각하기*Rethinking Theology and Science: Six Models for the Current Dialogue*》(William B. Eerdmans Publishing Company, 1998)

여섯 학자가 각각 과학과 신학 사이의 대화를 어떻게 이어가야 할지 서로 다른 모델을 제시한다. 각각의 모델은 1.

후기 토대주의적 인식론postfoundationalist epistemology, 2. 비판적 실재론critical realism, 3. 과학적 자연주의scientific naturalism, 4. 비통합적 실용주의non-integrative progmaticism, 5. 상보성complementarity, 6. 상황적 정합 이론contextual coherence theory이다.

다음 두 권은 과학 전반에 관한 연구서이다.

▶ J. P. 모어랜드J. P. Moreland, 《기독교와 과학의 본질 *Christianity and the Nature of Science: A Philosophical Investigation*》(Baker Book House, 1989)

저자는 과학과 신학이 상호 작용을 일으킨다는 통합적 이론을 변호하기 위하여 과학 철학적 탐구 작업을 전개한다. 그리하여 과학의 정의(1장), 과학적 방법론(2장), 과학의 한계(3장), 과학적 실재론(4장), 과학적 실재론에 대한 대안들(5장), 창조론의 과학적 위상(6장) 등을 차례로 논한다.

▶ 델 라치,《과학철학》(한국IVP)

저자는 그리스도인들이 과학 철학에도 관심을 가져야 할 이유를 두 가지로 밝힌다. 첫째, 과학 관련한 어떤 실제적 이슈도 결국 '과학이 무엇인가?'라는 문제에 봉착하기

때문이다. 둘째, 오늘날 과학의 역할을 너무 과도하게 높이
평가하는 경우가 있는데, 이 점을 시정하려면 과학의 한계
를 알아야 한다. 이처럼 과학의 본질과 과학의 한계에 관한
질문은 우리를 결국 과학 철학에 대한 탐구로 이끈다. 이
책의 전반부(1-6장)는 과학과 과학 철학의 역사에 대한 고
찰이고, 후반부(7-10장)는 기독교와의 관계를 밝히기 위한
다각적 시도로 채워져 있다.

자연과학과 관련한 마지막 네 권은 모두 창조와 진화 문
제에 관한 다양한 견해를 보여 준다.

▶ 데렉 버크 Derek Burke, 《창조와 진화 Creation and Evolution》
(Inter-Varsity Press, 1985)

이 책은 영국IVP가 "그리스도인이 동의하지 않을 때When
Christians Disagree" 시리즈 중 하나로 간행한 모음집 형태의 작
품이다. 지도자 여덟 명이 지구의 연대, 창조주 하나님, 인간
의 기원, 진화론, 창조-진화 논쟁, 특별 창조론 등을 논한다.

▶ J. P. 모어랜드·존 마크 레이놀즈 엮음, 《창조와 진화
에 대한 세 가지 견해》(한국IVP)

　원래 카운터포인트 시리즈의 한 권으로 출간된 이 책은 창조-진화 쟁점과 관련한 세 가지 입장을 소개한다. 이들은 각각 '젊은 지구 창조론 young earth creationism', '오랜 지구 창조론/점진적 창조론 old earth creationism/progressive creationism', '유신 진화론 theistic evolution'의 대변자들이다.

▶ 켄 햄·휴 로스·데보라 하스마·스티븐 마이어, 《창조, 진화 및 지적 설계에 대한 네 가지 견해》(부흥과개혁사)

　이 책은 1999년에 발간된 바로 앞 책의 새로운 판본이다. 지난 18년 동안의 변화 사항(과학적 발견, 다양한 사역의 발전, 관련 책자들의 출간 등)때문에 새로운 내용의 구성이 불가피하게 된 것이다. 게다가 종래의 세 가지 견해[젊은 지구 창조론, 오랜 지구(점진적) 창조론, 진화적 창조론]에 지적 설계 입장을 새로이 추가함으로써 창조-진화의 각축 양상은 좀 더 복잡해졌다.

▶ 데보라 하스마·로렌 하스마, 《오리진》(한국IVP)

　이 책은 원래 우주의 기원, 생물의 기원, 인간의 기원과 관련하여 그리스도인들 사이에 존재하는 다양한 입장들이 무엇이고 왜 그런 차이가 생기는지 알기 쉽게 설명하려는 취지에서 저술되었다. 책의 앞부분(1-6장)에서 하나님의 말씀, 세계관, 과학, 창세기에 대한 해석 등을 다루는 것은 바로 그런 목적 때문이다. 일단 이러한 예비적 설명이 있고 난 뒤에야 비로소 우주(7장), 생물(8-10장), 인간(11-12장)에 대한 다양한 입장들이 소개된다.

▶ 제럴드 라우,《한눈에 보는 기원 논쟁》(새물결플러스)

책 제목이 말해 주듯 이 책은 존재하는 모든 것의 기원에 관한 논쟁을 일목요연하게 정리해 준다(영어 부제에는 "beginning of everything"이라는 표현이 나온다). "존재하는 모든 것" 또한 과장이 아닌 것은 책의 목차에 "우주의 기원," "생명의 기원," "종의 기원," "인류의 기원"이 차례로 등장하고 있기 때문이다.

저자가 제시하는 여섯 가지 모델에서 특이한 점은, '젊은 지구론 young-earth creation'과 '오랜 지구론 old-earth creation' 외에 진화론을 다시 네 범주, '자연주의적 진화론 naturalistic evolution', '비목적론적 진화론 nonteleological evolution', '계획된 진화론 planned evolution', '인도된 진화론 directed evolution'으로 세분화했다는 것이다. 이 가운데 나중 세 가지가 유신 진화론에 해당한다.

정보를 전달하다

고대

책의 시대

21세기

'책 중의 책'에 관한 책 읽기

성경을 외롭지 않게,

더 가깝고 정확하고 풍성하게.

책 읽기를 강조하다가 성경론bibliology 관련서를 소개하는 순서에 이르면 나는 마음이 좀 불편하다. 곰곰이 생각해 보니 두 가지 이유가 있는 것 같다. 첫째, 성경에 관한 책을 강조하다가 정작 성경 읽는 일을 소홀히 할까 염려되기 때문이다. 이런 일이 그리스도인들 사이에 보편적 현상은 아니겠지만 어쨌든 가끔씩 발생하곤 한다.

이러한 주객전도 상황을 비꼬는 우스개 이야기가 있다. 어떤 그리스도인이 신학 지망생인 친구에게 생일 선물로 꽤 유명한 요한복음 주석서를 건네주었다. 몇 달 후 그 그리스도인은 생일 선물을 건넨 친구를 우연히 어떤 선교 대회에서 만났다. 안부가 오간 후 그는 "내가 자네에게 선물한 그 요한복음 주석이 어떻든가"라고 물었다. 그러자 그 신학 지망생이 대답했다.

"아, 그 주석? 참 좋은 책이더구먼. 그런데 그 책 가운데 어쩌다 이해하기 힘든 내용이 나올 때는 가끔씩 성경도 참조했지."

물론 그렇다고 하여 성경론에 관한 책과 책 읽기의 중요성을 마다할 수는 없다. 단지 이런 책 읽기에 부수적으로 따르는 폐해를 늘 의식하여 조심해야 한다는 것이다.

그러고 나면 또 한 가지 이유가 장벽처럼 우뚝 막아선다. 성경론에서 취급해야 할 분야가 광범위하고 다양해서 소개해야 할 책이 엄청나게 많다는 사실이다. 어차피 책 소개는 '선별'을 전제하기 마련인데, 성경론에 관한 책 소개는 더욱더 선별 작업에 박차를 가하지 않을 수 없다.

그래서 나는 다소 임의적이지만, 또 어떤 경우 서로 조금씩 겹치기도 하지만, 다섯 분야로 나누어 성경론 관련 책들을 소개한다.

성경 ① 영감론

첫째, 성경의 영감inspiration을 다룬 저술이다.

▶ 루이스 가우센L. Gaussen, 《성경의 신적 영감*Divine Inspiration of the Bible*》(Kregel Publications, 1971)

저자인 가우센(1790-1863)은 스위스의 개혁파 신학자인데, 이 책은 원래 프랑스어로 쓰였다가 1841년에 영역되었다.

▶ A. A. 핫지·벤저민 B. 워필드 Archibald A. Hodge and Benjamin B. Warfield,《영감 *Inspiration*》(Wipf and Stock Publishers, 2007)

원래는 〈*The Presbyterian Review*, Vol. 2 No. 6〉(April, 1881)에 실린 글이었는데, 이를 책으로 펴냈다. 앞부분(5-29쪽)은 핫지가 쓴 것으로 영감이 무엇인지에 초점을 맞추고 있으며, 뒷부분(29-71쪽)은 워필드가 영감의 교리를 증명하면서 특히 성경의 '오류'로 제시된 사항들이 실상은 그렇지 않음을 설명한다.

▶ 윌리엄 샌데이 William Sanday,《영감론 *Inspiration*》(Longmans, Green, and Co., 1903)

샌데이(1843-1920)는 영국 성공회 신학자이자 신부로서, 옥스퍼드대학교에서 36년을 가르쳤다. 그는 1893년에 뱀프턴 강좌 Bampton Lecture 를 맡아 성경의 영감 교리에 대한 여덟 번의 내용을 전달했는데, 그 결과물이 이 책이다.

▶ 에드워드 J. 영 Edward J. Young,《당신의 말씀은 진리입니다 *Thy Word Is Truth: Some Thoughts on the Bible Doctrine of Inspiration*》(Wm. B. Eerdmans Publishing Co., 1957)

부제가 말해주듯이 성경의 영감론에 대한 해설서이다.

저자 말처럼 평신도 지식층을 위한 안내서로 집필되었으나, 영감론, 무오성, 소위 오류에 대한 해명, 현대주의 성경관에 대한 비판 등 꽤 여러 가지 필요한 내용을 담고 있다.

▶ 르네 파쉬René Pache, 《영감과 성경의 권위*The Inspiration & Authority of Scripture*》(Sheffield Publishing Company, 1992)

저자인 파쉬(1904-1974)는 스위스 태생의 개신교 학자이다. 이 책도 프랑스어로 쓰인 것을 1969년에 영역했다.

▶ 듀이 M. 비글 Dewey M. Beegle, 《성경의 영감 *The Inspiration of Scripture*》(The Westminster Press, 1963)

감리교 계통의 구약학 교수인 비글은 성경에 오류가 있다는 주장을 펼치면서 보수주의적 성경관에 도전장을 냈다. 10년 후에는《성경, 전통, 무오성*Scripture, Tradition, and Infallibility*》을 써서 다소 누그러진 자세를 표명했으나 '무오성'이라는 개념을 부정적으로 보는 데는 변함이 없다.

▶ 윌리엄 J. 에이브러햄William J. Abraham, 《성령의 신적 영감 *The Divine Inspiration of Holy Spirit*》(Oxford University Press, 1981)

저자는 감리교 계통의 신학자로서 과거 보수주의적 영

감론이 지닌 부족한 점을 보완하면서 또 하나의 복음주의
적 대안을 제시하고자 시도한다.

▶I. 하워드 마샬I. Howard Marshall, 《성경의 영감*Biblical Inspiration*》(Paternoster Press, 1982)

저명한 신약학자인 저자가 성경 전체의 증거에 기초한
영감의 의미를 밝히고자 힘을 기울였다.

▶컨 로버트 트렘바스Kern Robert Trembath, 《성경의 영감에
관한 복음주의적 이론*Evangelical Theories of Biblical Inspiration: A Review and Proposal*》(Oxford University Press, 1987)

저자는 로마가톨릭 전통의 신학자이다. 그는 복음주의
자들의 영감론에 일곱 가지 갈래가 있음을 밝힌 후, 복음주
의 견해와 가톨릭 견해를 종합하는 자신만의 독특한 영감
이론을 제시한다.

성경 ② 무오성

둘째, 성경의 무오성이 무엇인지 밝히고자 애쓴 책들이

있다.

▶ 스튜어트 커스터Stewart Custer, 《영감은 무오성을 요구하는가*Does Inspiration Demand Inerrancy?*》(The Craig Press, 1968)

저자는 오랫동안 분리주의 경향을 보여온 교육 기관인 밥존스대학교에서 성경과 그리스어를 가르쳤다. 비록 개혁파 전통에 몸담고 있지는 않지만, 성경관은 구 프린스턴 학자들에게 영향을 받았고, 또 그러한 신학적 입장을 그대로 고수하고 있다.

▶ 스티븐 T. 데이비스Stephen T. Davis, 《성경에 관한 토론*The Debate about the Bible: Inerrancy versus Infallibility*》(The Westminster Press, 1977)

기독교 철학자인 저자는 '조건적 무오성conditional inerrancy'의 대표 주창자이다. 그리하여 그는 'inerrancy절대적 무오성'는 배척하되 'infallibility조건적 무오성'는 수용한다고 말한다.

▶ 리처드 P. 벨처Richard P. Belcher, 《성경 무오성 논쟁에 관한 평신도 안내서*A Layman's Guide to the Inerrancy Debate*》(Moody Press,

1980)

남침례교 소속의 저자는 축자 영감론과 무오성 교리를 받아들이기 때문에 이런 성경관에 도전하는 이들, 주로 침례교에 속해 있는 지도자들에게 응수한다.

▶ 찰스 C. 라이리Charles C. Ryrie, 《성경의 무오성에 관해 당신이 알아야 할 것What You Should Know about Inerrancy》(Moody Press, 1981)

세대주의 전통에 몸담은 저자가 무오성의 의미, 근거, 반론 등을 다룬 책이다.

▶ 존 워윅 몽고메리 엮음John Warwick Montgomery ed., 《하나님의 무오한 말씀God's Inerrant Word: An International Symposium on the Trustworthiness of Scripture》(Bethany Fellowship, Inc., 1974)

스프로울R. C. Sproul은 1973년 10월에 자신이 관여하던 리고니어 사역Legonier Ministries의 힘을 빌려 성경의 영감과 권위에 관한 컨퍼런스Conference on the Inspiration and Authority of Scripture를 개최했다. 그 컨퍼런스에서 발표되었던 논문 11편을 엮은 책이다.

▶ 로날드 영블러드 엮음Ronald Youngblood ed.,《복음주의자와 성경의 무오성Evangelicals and Inerrancy》(Thomas Nelson Publishers, 1984)

이 책은 미국복음주의신학회Evangelical Theological Society가 1954년부터 1979년까지 성경의 영감이나 무오성과 관련하여 발표한 논문들을 한데 모은 것이다. 총 23편의 글들이 시기별로 분류되어 실려 있다.

▶ 하비 M. 콘Harvie M. Conn ed.,《성경의 무오성과 해석학 Inerrancy and Hermeneutic: A Tradition, A Challenge, A Debate》(Baker Book House, 1988)

웨스트민스터신학교 교수들은 전통적 성경관을 벗어나지 않으면서도, 1970년대 말부터 등장한 여러 해석학 이론들과의 교전을 피하지 않았다. 14명의 기고자는 그러한 학문적·실제적 노력의 열매를 이 책자에서 선보이고 있다.

▶《1987년 성경 무오성 컨퍼런스 논문집The Proceedings of the Conference on Biblical Inerrancy 1987》(Broadman Press, 1987)

남침례교 연맹의 여섯 개 신학교는 1987년 5월 4-7일에 노스캐롤라이나주에 있는 리지크레스트 침례교 컨퍼런스센터Ridgecrest Baptist Conference Center에서 성경 무오성 컨퍼런스 The Conference on Biblical Inerrancy를 개최했다. 이 논문집은 그때 발표된 논문들을 함께 모은 것이다.

성경 ③ 무오성 논쟁

셋째, 1970-80년대 미국 복음주의자들이 성경의 무오성 논쟁에 휘말리면서 발간한 책들이 있다. 물론 이 책자들 또한 '무오성' 관련 책으로 분류해야 하나 책이 산출된 역사적 계기의 특이성 때문에 따로 분류했다.

▶ 해럴드 린드셀Harold Lindsell, 《성경을 위한 전투*The Battle for the Bible*》(Zondervan Publishing House, 1976)

린드셀(1913-1998)은 침례교 신학자로서 몇 곳의 복음주의 신학교에서 가르쳤고, 1968년에서 1978년까지 〈크리스채너티 투데이〉 편집인으로 활동했다.

그는 복음주의를 자처하는 신학교, 교단, 신학자들 가운데 조건적 유오성(성경의 교훈 가운데 구원에 관계된 영적 진리는 무오하지만 역사·지리·과학 등 다른 방면의 주장에서는 오류가 있을 수 있다고 보는 입장)을 지지하는 풍조를 고발하고 있다. 아마도 그 직접적 영향 가운데 하나로는 '국제성경무오협회The International Council on Biblical Inerrancy, ICBI'의 출범을 꼽을 수 있다.

▶ 잭 로저스 엮음Jack Rogers ed., 《성경의 권위Biblical Authority》(Word Books Publisher, 1977)

로저스는 해럴드 린드셀이 언급한 풀러신학교의 신학·종교철학 교수였다. 그는 린드셀의 비판에 응수하는 목적으로 자신의 견해에 우호적인 이들과 함께 논문을 작성했다. 성경의 권위에 대한 6명의 글이 한데 묶여 있다. 그런데 이 책의 논문들 또한 ICBI의 형성을 자극하는 요인이 되었다.

▶ 제임스 보이스, 《성경의 무오설》(생명의말씀사)

1977년 미국 복음주의계는 성경의 무오성을 밝히고 옹호하고 전파하려는 목적하에 ICBI를 출범시켰다. 그들은 1977년 9월 시카고에서 모여, 그다음 해에 열릴 첫 대회에서 잭 로저스가 편집한 《성경의 권위Biblical Authority》에 응수하는 책을 발간하기로 했다. 학자 여섯 명이 각자의 주장을 밝힌 것이 이 책의 내용이다. 책의 서문에는 ICBI를 형성한 상황과 목적과 목표가 수록되어 있으며, 권두언은 프란시스 쉐퍼가 썼다.

▶ 잭 로저스·도널드 맥킴Jack B. Rogers and Donald K. McKim,《성경의 권위와 해석The Authority and Interpretation of the Bible: An Historical Approach》(Harper & Row, 1979)

장로교 목사이자 교수인 두 저자가 장로교의 전통적 성경관에 이견을 표하며 나섰다. 즉 구 프린스턴 전통을 이어받은 오늘날 보수적 장로교의 성경관(영감과 무오성)이 실은 칼뱅을 포함한 종교개혁자들의 견해도 아니고 웨스트민스터 신앙고백에 반영된 입장도 아니며, 오직 구 프린스턴 특유의 스콜라주의적 산물이라는 것이다. 개혁파 스콜라주의Reformed Scholasticism라 이름 붙여진 이 경향은, 종교개혁 이후 개신교 스콜라주의에서 출발하여 프란시스 튜레틴Francis Turretin(1632-1687)의 신학 체계에서 극치를 이루었고, 그 후 찰스 핫지의 조직신학이 출간된 해까지 60년간(1812-1872) 미국에서도 절대적 위력을 발휘했다고 평가한다. 이 책은 복음주의계 전반에 영향을 미쳤지만, 그중에서도 특히 구 프린스턴의 전통을 표방하는 보수적 장로교 지도자들에게 큰 반향을 일으켰다.

▶ 노만 가이슬러 엮음Norman L. Geisler ed., 《무오성*Inerrancy*》
(Academie Books, 1980)

ICBI는 1978년 10월에 약 300명의 학자, 목회자, 평신도를 소집하여 19개 조항으로 된 성경의 무오성에 관한 시카고 선언문The Chicago Statement on Biblical Inerrancy을 채택했다(이 모임은 후에 "Summit I"으로 불린다.) 또 그때 발표된 논문 가운데 14편을 엄선하여 출간하였는데, 이 책이 바로 그 결실이다. 부록에는 시카고 선언문과 간략한 해설이 첨부되어 있다.

▶ 노만 가이슬러 엮음Norman L. Geisler ed., 《성경의 무오성 *Biblical Errancy: An Analysis of Its Philosophical Roots*》(Zondervan Publishing House, 1981)

성경의 유오성에 대한 인정은 많은 이들이 의식적·무의식적으로 반기독교적 철학 사상에 물들었기 때문이라는 것이 가이슬러의 신념이다. 따라서 이 책에서는 철학자 열 명을 뽑아 이들의 철학 사상이 성경의 무오성을 부인하는 데 어떤 식으로 작용했는지를 추적하고 있다. ICBI 관련 서적 가운데 하나이다.

▶ 존 우드브리지,《성경의 권위》(선교햇불)

이 책은 부제가 보여주듯 로저스Rogers와 맥킴McKim의《성경의 권위와 해석The Authority and Interpretation of the Bible》에 대한 비평서이다. 역사학 연구자의 엄정함, 진리에 대한 열정, 그러면서도 솔직함과 공정성이 돋보이는 역작이다. 우드브리지Woodbridge는 두 저자의 성경관이 개혁파의 역사적 전통에 입각하기보다는 후기 베르까우어G. C. Berkouwer(1903-1996)의 수정주의 입장 쪽으로 경도되었음을 지적한다. 그리하여 두 저자의 주장과 달리 오늘날 복음주의자들이 받아들이는 무조건적 무오성이 역사적으로 확립된 성경관임을 다시금 천명한다.

▶ 노르만 L. 가이슬러 외 지음,《성경 무오》(엠마오서적)

성경의 무오성에 의문을 제기하는 이들은 그들 나름대로 신학적 전제가 있다. 이 책은 18세기부터 오늘날까지 이어지고 있는 이러한 신학적 경향과 전제를 파헤치는 데 역점을 둔다. 11장까지는 신학적 경향에 대해 논하고, 마지막 12장에서는 논조를 바꾸어 구 프린스턴 학자들의 견해를 소개한다. ICBI의 취지를 반영하는 자료이다.

▶ 존 D. 한나 엮음,《성경무오와 교회》(그리심)

잭 로저스는《성경의 권위*Biblical Authority*》에서, 그리고 도널드 맥킴과 공저한《성경의 권위와 해석*The Authority and Interpretation of the Bible*》에서 교회의 전통적 영감관은 조건적 무오성conditional inerrancy이었고, 현재 복음주의의 대표적 입장으로 되어 있는 무조건적 무오성unconditional inerrancy은 일종의 탈선행위라고 주장했다. 이 책은 그에 대응해 잭 로저스의 주장이 근거가 희박한 견강부회라고 밝힌다. 역시 ICBI 연관 시리즈 중의 하나이다.

▶ 얼 D. 래드마커·로버트 프레우스 엮음 Earl D. Radmacher and Robert D. Preus ed.,《해석학, 무오성, 그리고 성경*Hermeneutics, Inerrancy, and the Bible*》(Academie Books, 1984)

ICBI는 1982년 11월 10-13일에 Summit Ⅱ 모임을 소집하고 성경 해석과 무오성의 관계를 다루었다. 이 모임에서는 성경 해석과 관련한 열여섯 가지 주제를 발표하고 이에 대해 두 명씩 응답하도록 했다. 문서 초안 위원회는 모임을 마치고 25개 조항으로 된 성경 해석에 관한 시카고 선언문 The Chicago Statement on Biblical Hermeneutics을 작성했고, 노먼 가이슬러는 이에 간략한 해설문을 덧붙였다. 이 책은 모임의 모든 발표와 응답 내용을 정리한 것이다. 부록에는 선언문과 해설이 첨부되어 있다.

▶ 케네스 S. 칸처 엮음 Kenneth S. Kantzer ed., 《성경의 적용Applying the Scriptures: Papers from ICBI Summit III》(Academie Books, 1987)

ICBI는 세 번째이자 마지막으로 1986년 12월에 Summit III 모임을 소집하고, 나흘에 걸쳐 교회의 공적 · 제도적 삶에 대한 윤리 지침 작성에 전력투구했다. 역시 이 모임에서도 선언문을 채택했으며, 성경 적용에 대한 시카고 선언문 Chicago Statement on Biblical Application이 바로 그것이다. 열여섯 분야에 걸친 발표 후 한 주제에 두 명씩(두 주제만 예외적으로 세 명) 응수하도록 했다. Summit III을 끝으로 ICBI는 1987년 9월에 자체적으로 해산했다.

성경 ④ '오직 성경'

넷째, '오직 성경Sola Scriptura'의 의미가 무엇인지를 규명하고자 초점을 맞춘 저작들이다.

▶ 조엘 비키 외,《오직 성경으로》(지평서원)

이 책은 로마가톨릭의 성경관에 맞서 개신교의 성경관을 다시금 천명하고자 마련되었다. '성경만으로'의 의미, 정경의 확립, 성경의 권위, 성경의 충족성, 성경과 전통 사이의 관계 등이 등을 다룬다. 일곱 명의 글이 실렸는데, 대부분이 개혁파 소속의 목회자와 학자이다.

▶ 데이비드 킹David T. King,《성서*Holy Scripture: The Ground and Pillar of Our Faith, Vol. I: A Biblical Defense of the Reformation Principle of Sola Scriptura*》(Christian Resources Inc, 2001)

이 작품은 "성서: 우리 신앙의 기초와 기둥 *Holy Scripture: The Ground and Pillar of Our Faith*"이라는 표제 하에 발간된 3부작의 첫 권이다. 저자인 데이비드 킹은 정통 장로교회(OPC) 목회자로서 종교개혁의 기본 원리인 '오직 성경' 원리를 옹호하고 천명하는 일에 힘을 쏟아 왔다. 이 책에서는 '오직 성경' 원리가 성경에 나타나지 않는다는 로마가톨릭 변증가들의 주장이 합당치 않음을 설파한다.

▶ 윌리엄 웹스터William Webster,《성서*Holy Scripture: The Ground and Pillar of Our Faith, Vol. II: An Historical Defense of the Reformation Principle of Sola*

Scriptura》(Christian Resources Inc, 2001)

"성서: 우리 신앙의 기초와 기둥" 시리즈의 두 번째 책이며, '오직 성경' 원리의 역사적 전개 과정을 추적한다. 저자 윌리엄 웹스터는 원래 로마가톨릭교도였다가 개신교로 개종한 후에 개혁파 침례교의 신학적 전통에 서 있다. 그는 1부에서 성경과 전통 사이의 관계를 규명하는데, 주안점은 성경과 전통을 합하여 하나님의 계시라고 가르치는 가톨릭교회의 주장을 논박하는 데 있다. 2부에서는 구약의 정경 문제를 다룬다.

▶ 데이비드 킹·윌리엄 웹스터 엮음David T. King and William Webster ed., 《성서*Holy Scripture: The Ground and Pillar of Our Faith, Vol. III: The Writings of the Church Fathers Affirming the Reformation Principle of Sola Scriptura*》(Christian Resources Inc, 2001)

이 책은 "성서: 우리 신앙의 기초와 기둥" 시리즈의 마지막 책이다. 여기서는 두 저자가 초대 교회 교부들의 가르침을 주제별로 정리하고 있다. 역시 앞의 두 권과 마찬가지로 로마가톨릭의 가르침, 성경만으로는 신앙과 삶에 대한 충족성을 운운할 수 없다는 주장을 논파하는 것이 주 목적이다.

▶ 키스 매티슨Keith A. Mathison, 《'오직 성경'의 형성*The Shape of Sola Scriptura*》(Canon Press, 2001)

매티슨은 개혁파 목회자로서 스프로울이 대표자인 리고니어 사역Ligonier Ministries의 커리큘럼 개발팀장이다. 그는 상당수 복음주의자가 'Sola Scriptura'의 원리를 'Solo Scriptura'라는 왜곡된 형태로 변형했다고 주장한다. 즉 복음주의자들 가운데 일부는 오직 성경 원리를 오해하여 정당한 의미의 신앙 전통조차 무시해야 하는 것으로 잘못 생각하는 경향을 띠게 되었다. 바로 이런 그릇된 경향을 가리켜 "Solo Scriptura"라고 이름을 붙였다.

▶ R. C. 스프로울R. C. Sproul, 《오직 성경으로*Scripture Alone: The Evangelical Doctrine*》(P & R Publishing, 2005)

스프로울은 이 책을 통하여 복음주의적 성경론과 무오성을 다루는데, 책 내용은 사실상 성경의 무오성에 관한 시카고 선언문The Chicago Statement on Biblical Inerrancy(CSBI)의 열두 항목을 풀이한 해설문이다. 책에 실린 열 편의 글은 스프로울이 성경의 무오성과 관련하여 22년 동안 발표한 글들을 집대성한 것이다.

성경 ⑤ 21세기 초 성경론

다섯째, 21세기 초반의 성경론 관련 논박 내용이 반영된 작품들이다.

▶ 피터 엔즈,《성육신의 관점에서 본 성경 영감설》(CLC)

저자는 구약학에서 종종 제기되는 문제들을 복음주의 성경관의 울타리 안에서 다룰 수 있다고 생각한다. 그는 세 가지 질문(1. 구약성경의 많은 부분이 근동 지방의 문학 작품과 유사하다는 것은 하나님 말씀으로서의 독특성에 어떤 시사점을 던지는가? 2. 구약성경이 동일한 사안에 대해 다양하게, 심지어는 상반되거나 모순처럼 묘사하는 것을 어떻게 받아들여야 하는가? 3. 신약성경 저자들이 구약성경의 내용을 인용할 때 보여 주는 탈문맥적 방식에 대해서 어떤 태도를 취해야 하는가?)을 염두에 두고 자신의 주장을 개진해 나간다. 안타깝게도 많은 학자들은 그의 답변 가운데 일부 내용이 전통적 영감관을 벗어났다고 평가한다. 그는 이 책에서 표명한 입장 때문에, 2008년 8월에 결국 14년에 걸친 웨스트민스터신학교에서의 교수 활동을 마감한다.

▶ 그레고리 비일G. K. Beale, 《복음주의의 무오성 침식*The*

Erosion of Inerrancy in Evangelicalism: Responding to New Challenges to Biblical Authority》(Crossway Books, 2008)

성경의 본질과 영감에 관한 피터 엔즈의 도발적 제안에 대해 가장 선봉에 나서 비평한 사람이 그레고리 비일이다. 비일은 2004년에 복음주의신학회Evangelical Theological Society의 회장을 역임했고, 2010년부터는 웨스트민스터신학교 신약학 교수로 활동하고 있다. 비일은 엔즈가 '신화myth' 개념, 창세기 저자의 역사 기술에 관한 평가, '성육신' 모델, '다양성'과 '오류'의 의미 등에서 불명확하든지 치우친 전제를 했다고 비평을 가한다. 또 신약성경 저자들의 구약성경 사용과 관련해서도 엔즈의 "그리스도 목적적 독법christotelic reading"이 정의상으로도 잘 들어맞지 않고, 실제로 문제점을 다룰 때도 적합하지 않다고 논평한다.

▶ 카를로스 보벨Carlos R. Bovell,《젊은 복음주의자들의 성경 무오성과 영적 형성*Inerrancy and the Spiritual Formation of Younger Evangelicals*》(Wipf & Stock Publishers, 2007)

카를로스 보벨은 개혁파 배경(웨스트민스터신학교와 기독교학문연구소Institute for Christian Studies 출신)을 가진 젊은 세대 복음주의자로서, 무오성 교리가 자신의 영적 형성 과정에 끼친 부정적 영향을 고발한다. 무오성 교리를 이렇게 '주입식'이나 '강압식'으로 배우면, 기독교 신앙과 연관한 모더니즘(과 포스트모더니즘)의 가르침에 극단적 태도를 보이게 된다는 것이다. 한편의 극단은 반계몽적인 무오주의자obscurnat inerrantist가 되어 다른 학문 분야이나 기독교적 비평 이론과 담을 쌓고, 또 다른 극단은 후자의 압박이나 매력 때문에 기독 신앙을 포기하게 된다고 본다. 보벨은 그 어느 쪽이든 바람직하지 않은 반응이라고 평가한다.

▶ A. T. B. 맥가원A. T. B. McGowan, 《성경의 신성한 출현*The Divine Spiration of Scripture: Challenging Evangelical Perspectives*》(Apollos, 2007)

▶ A. T. B. 맥가원A. T. B. McGowan, 《성경을 되살리는 신성한 확실성*The Divine Authen-ticity of Scripture Retrieving: an Evangelical Heritage*》(IVP Academic, 2007)

맥가원은 스코틀랜드에 있는 하이랜드신학대학교 학장이며, 동시에 애버딘대학교 개혁파 교리학 분야 명예 교수이다. 맥가원은 무오성을 반대하는 세 가지 입장을 제시한다. 1. 도드C. H. Dodd와 불트만Rudolf Bultmann처럼 고등 비평을 인정하기 때문에 무오성을 운운할 수 없다고 보는 경우. 2.

성경의 권위는 인정하지만 '무오성'이라는 용어를 쓰지 않으려 하는 베르까우어G. C. Berkouwer와 블로우쉬Donald G. Bloesch의 경우. 3. '무오성'이 성경적 용어가 아닐 뿐 아니라 성경 고백 문서들에서도 발견되지 않는, 비교적 최근에 발전한 개념이라는 점 때문에 이 용어를 불편해하는 이들의 경우(제임스 오르James Orr 및 헤르만 바빙크Herman Bavinck가 여기에 속한다고 분류). 그런 다음 자신을 세 번째 범주에 배속시킨다. 그가 무오성을 반대하는 이유는 다음 네 가지다. 1. 용어의 정확한 정의를 내리기 힘들다. 2. 원본autographa이 없는 실정에서 원본의 무오성 주장은 실효성이 없다. 3. 본문들 사이의 차이점을 해결하는 방안이 불만족스럽다. 4. '무오성'이라는 개념은 합리주의의 산물이다. 그리고 유오주의errantism와 무오주의inerrantism 사이에서 제3의 대안으로 무류주의infallibilism, 곧 하나님께서 자신의 의도하시는 바를 오류 없이 기록하도록 하셨다는 것을 내세우며, 이것이 제임스 오르와 헤르만 바빙크의 견해를 따르는 길이라고 말한다.

우리는 무엇보다도 책 중의 책인 성경을 읽는 데 초점을 맞추어야 한다. 동시에 우리의 성경 읽기가 튼실해지려면 성경론에 관한 책 읽기 또한 백안시할 수 없을 것이다.

서재는 그 사람의 생각을 엿볼 수 있는 창이다.

책의 미로, 책의 지도

송인규 지음

초판 1쇄 발행 2021년 2월 5일

펴낸이 김도완

등록 제406-2017-000014호(2017년 2월 1일)

전화 031-955-3183

전자우편 viator@homoviator.co.kr

펴낸곳 비아토르

주소 경기도 파주시 문발로 197 102호(우편번호 10881)

팩스 031-955-3187

편집 박동욱

제작 제이오

디자인 즐거운생활

인쇄 (주)민언프린텍

제본 (주)정문바인텍

ISBN 979-11-88255-84-9 03230

저작권자 ⓒ 송인규, 2021